아메리고

아메리고 베스푸치 Amerigo Vespucci 1454~1512

Amerigo : Die geschichte eines historischen Irrtums
by Stefan Zweig
Korean Translation Copyright © Ewha Books, 2025
All rights reserved.

아메리고
Amerigo
슈테판 츠바이크

대항해시대와 우연의 역사

이화북스

차례

우연과 오류의 미스터리 9

역사적 상황 17

32쪽에서 탄생한 불멸의 이야기 47

한 세계가 이름을 얻다 75

위대한 논쟁이 시작되다 103

진실을 증언하는 문서들 135

베스푸치, 그는 누구였는가 155

우연과 오류의 미스터리

아메리카 대륙은 누구의 이름을 따서 '아메리카'라고 불리게 되었을까? 이런 질문을 받으면, 어린 학생이라도 망설임 없이 아메리고 베스푸치$^{\text{Amerigo Vespucci}}$라고 당당하게 대답할 것이다.

그러나 다음과 같은 두 번째 질문에 대해서는 어른이라도 자신 있게 대답하지 못하고 머뭇거릴 것이다. 아메리카는 왜 하필 아메리고 베스푸치의 이름을 따서 명명되었는가? 베스푸치가 아메리카를 발견했기 때문인가? 그러나 베스푸치는 결코 아메리카 대륙을 발견한 사실이 없다. 아니면 혹시 그가 사실상 최초로 대륙 연안에 놓인 섬들이 아닌 본토를 밟았기 때문인가? 그러나 그것도 이유가 되지 않는다. 이 대륙에 처음으로 발을 디딘 것은 콜럼버스$^{Christopher\ Columbus}$와 세바스찬 캐벗$^{Sebastian\ Cabot}$이 먼저였기 때문이다. 그렇다면 혹시 그가 사람들에게 자신이 그 대륙에 처음으로 도착했다고 거짓 주장을 했기 때문인가? 그러나 베스푸치는 법정에 찾아가서 그런 법적 권리를 주장한 사실이 전혀 없다. 아니면 그가 학자이자 지도 제작자로서의 명예를 걸고 이 대륙에 자신의 이름을 붙일 것을 제안했기 때문인가? 그렇지 않다. 그는 그러한 말을 한 적이 한 번도 없으며, 아마도 평생 동안 이 대륙에 자신의 이름이 붙었다는 사실조차 알지 못했던 것 같다.

아메리고 베스푸치가 이런 일을 하지 않았다면, 어떻게 해서 그는 자신의 이름을 영원히, 불멸의 이름으로 남기게 되는 영광을 누리게 된 것인가? 왜 아메리카 대륙은 콜롬비아^{Columbia}가 아닌 아메리카^{America}로 불리게 되었는가?

이러한 사건의 배경에는 무수한 우연과 오류, 그리고 오해가 얽혀 있다. 이 이야기는 떠난 적 없는 항해, 스스로도 떠났다고 주장한 적 없는 항해를 근거로 지구상의 네 번째 대륙에 자기 이름이 붙여지는 믿기 힘든 영광을 얻은 한 남자의 이야기이다. 4세기 전부터 세상 사람들은 이러한 명명에 대해 의구심을 품었고, 그 부당함을 주장해 왔다. 더러운 음모와 속임수를 통해 교활하게 영광을 가로챘다는 비난이 끊임없이 아메리고 베스푸치에게 쏟아졌다. 일부 학자들은 이 사건을 거짓 명분에 의한 사기라고 주장했다. 어떤 학자들은 베스푸치에게 무죄를 선고했고, 또 다른 학자들은 그에게 영원한 치욕의 멍에를 씌웠다. 그리고 그를 사기꾼, 위조범, 절도범으로 몰아붙였다. 이제 그를 둘러싼 논쟁의 산물들, 가설과 증명, 반박 증거들이 도서관 하나를 가득 채울 정도가 되었다. 어떤 이들은 아메리카라는 이름을 부여한 그를 '세계의 촉진자', 즉 세계를 넓힌 위대한 발견자이자 항해사, 뛰어난 학자로 높이 평가하는 반면 또 어떤 이들은 지리학 역사상 가장 파렴치한 사기꾼이라 비난한다.

과연 어느 쪽이 진실일까. 아니, 좀 더 신중하게 말하자면 개연성이 높은 것은 어느 쪽인가? 베스푸치 사건은 단순히 지리학적이거나 문헌학적인 문제가 아니다. 이제는 오히려 호기심 있는 사람이라면 누구나 풀어보고 싶어하는 일종의 수수께끼가 되었다. 경우의 수가 얼마 되지 않아 금세 전모를 파악할 수 있는 게임에 불과하다고 여겨 쉽게 간과되는 게임이기도 하다. 우리에게 알려진 베스푸치의 글은 남아 있는 모든 자료를 다 합쳐 봐도 40~50쪽 정도 밖에 되지 않는다. 그래서 나 역시 이곳에 말을 다시 세워 놓고 유명한 거장의 체스 대국을, 그 모든 놀라운 수와 잘못된 수까지도 한 수 한 수 다시 한 번 재현해 보려는 것이다.

내가 이 글을 읽은 독자에게 유일하게 바라는 것은 우리가 현재 알고 있는 완벽한 지리학적 지식을 모두 잊고, 아메리카의 모양과 형태, 심지어 아메리카의 존재를 일단 완전히 지워버려 달라는 것이다. 그 세기의 어둠을, 그 불확실성을 상상 속에 그려볼 수 있는 사람만이 종래까지 무한한 것으로만 알았던 세계로부터 미지의 대륙의 첫 윤곽이 뚜렷이 떠오르기 시작할 때 사람들이 맛보았을 놀라움과 열광을 느껴볼 수 있을 것이다.

인간은 새로운 것을 알게 되면 거기에 이름을 붙이고 싶어 한다. 무엇인가에 열광하게 되면 그 열망을 한 마디 환호성으로 표현하기 마련이다. 그렇게 우연의 바람이 불현듯 하나의 이름을 던져준 행운의 날, 사람들은 옳고 그름을 따지지 않고 울림 좋고 날개가 돋친 듯한 그 낱말을 서슴없이 받아들여 새로 발견한 세계를 아메리카라는 새롭고 영원한 이름으로 맞이했다.

아스트롤라베로 남십자성을 발견한 아메리고 베스푸치 얀 콜라르트 1세, 1600년경

역사적 상황

～

 서기 1000년. 서구 세계는 무겁고도 몽롱한 잠에 빠져 있었다. 눈을 뜨고 주변을 둘러보기에는 눈꺼풀이 너무 무거웠고, 호기심에 몸을 움직이기에는 감각이 극도로 쇠약해져 있었다. 정신은 마치 치명적인 병에 걸린 것처럼 마비되어 자신들이 살고 있는 세상에 관해 더 이상 아무것도 알고 싶어 하지 않았다. 그러나 더욱 놀라운 사실은 이전에 알고 있던 것들조차도 납득하기 어려울 만큼 망각해버렸다는 점이다.
 사람들은 책을 읽거나 글을 쓰고 셈을 하는 법조차 잊

어버렸다. 심지어 왕이나 황제들마저 자신의 이름을 쓸 줄 몰랐다. 모든 학문은 '신학'이라는 미라 상태로 굳어 있었고, 지상의 손은 그림이나 조각으로 더 이상 자신의 몸을 재현해낼 수 없었다. 한 치 앞도 보이지 않는 안개가 지평선 위에 드리워져 있었다. 사람들은 더 이상 여행하지 않았고 낯선 나라들에 대해서도 전혀 알지 못했다. 그들은 동쪽에서 계속 침입해 오는 야만족들을 피해 성과 도시 안에 틀어박혀 있었다. 어둠 속에 갇혀서 용기를 상실한 채 살고 있었다. 무겁고 몽롱한 잠이 서구 세계를 짓누르고 있었다.

이 무겁고 몽롱한 꿈결 속에서 희미한 기억들이 문득 떠오르곤 했다. 예전의 세상은 지금보다 훨씬 넓고, 다채롭고, 밝았으며 사건과 모험으로 가득 차 활기가 넘치지 않았던가? 과거에는 모든 땅으로 통하는 도로가 있었으며 그 길 위를 로마의 군단들이 행진하고, 그 뒤를 질서의 수호자이자 법의 집행자인 릭토르[1]들이 따르지 않았던가? 지금은 해적들이 두려워 감히 항해할 엄두도 내지 못하는 지중

---

1 고대 로마의 고위 행정관들을 경호하는 임무를 맡은 하급 공무원

해 너머의 땅을 한때는 이집트뿐만 아니라 영국까지 정복한 카이사르$^{Julius\ Caesar}$가 3단 노의 전함으로 항해하지 않았던가? 알렉산드로스^{Alexander} 대왕이 전설적인 나라인 인도까지 정복했다가 페르시아를 거쳐서 돌아오지 않았던가? 일찍이 별들의 뜻을 읽어낼 줄 알았으며, 지구의 형태와 인간의 비밀을 꿰뚫고 있던 현자들이 존재하지 않았던가? 사람은 그에 관해 책에서 읽어 보아야 할 것이나 이제는 더 이상 책이 없다. 여행을 떠나 낯선 나라들을 보아야 하겠지만, 이제는 길조차 사라졌다. 모든 것이 끝나버렸다. 어쩌면 그 모든 것은 그저 한낱 꿈이었는지도 모른다.

그렇다면 도대체 무엇 때문에 애를 쓴단 말인가? 모든 것이 끝난 마당에 다시 한번 힘을 내야 할 이유가 어디 있단 말인가? 서기 1000년엔 세상이 멸망할 거라는 소문이 돌았다. 성직자들은 사람들의 죄가 너무 많아 하느님이 세상을 심판할 것이라고 설교했다. 새 천년의 첫 날 위대한 심판이 시작될 거라고 했다. 사람들은 어찌할 바를 모르고 찢어진 옷을 걸친 채 손에 촛불을 들고 대규모 순례 행렬에 따랐다. 농부들은 논밭을 버리고, 부자들은 가진 재산을 탕진해버렸다. 내일이면 묵시록의 기사들이 백마를 타고 찾아올 것이기 때문이다. 최후의 심판의 날이 다가온 것이다. 수 많은 사람들은 매일 밤을 마지막 밤이라 여기며 교회에서 무릎을 꿇고 영원한 밤으로 추락할 순간만을 기다렸다.

 1100년. 그런 일은 일어나지 않았다. 세상은 멸망하지 않았다. 하느님은 당신이 창조한 인간들에게 다시 한번 은총을 베풀었다. 인간들은 계속 살아갈 수 있게 허락을 받은 셈이었다. 하느님의 선함과 위대함을 증거하기 위해 계속해서 살아가야 했다. 사람들은 하느님의 은총에 감사하며 마치 기도하듯 하늘에 감사를 올렸다. 그렇게 해서 성당과 교회의 돌기둥들이 하늘로 치솟았다. 사람들은 하느님의 은혜에 중보자인 그리스도에게 자신들의 사랑을 보여주고자 무언가를 해야 했다. 그분이 수난을 당한 장소와 그분의 성스러운 무덤이 사악한 이교도들의 손아귀에 들어 있는 것을 가만히 참고 있을 수 있단 말인가? "일어나라, 서양의 기사들이여! 너희 모든 신자들이여, 동방으로 가자! 하느님께서 그것을 원하신다!"라는 외침을 듣지 못했는가? 성채에서, 마을에서, 도시에서 나와 육지를 넘어 바다를 건너 십자군 원정을 향해 앞으로, 또 앞으로 나아가라!

1200년. 그들은 그리스도의 성묘를 되찾았다가 다시 빼앗겼다. 순례는 헛된 것이었다. 아니다, 헛되지만은 않았다. 이 원정을 통해 유럽은 비로소 깨어났기 때문이다. 유럽은 스스로의 힘을 깨닫고 용기를 시험했으며, 하나님이 창조한 세상에 얼마나 새롭고 다양한 것들이 존재하는지 다시금 알게 되었다. 전혀 다른 하늘 아래 다른 땅, 다른 열매, 다른 물건들, 그리고 다른 사람들과 동물들, 다른 풍속들이 존재한다는 사실을 알게 된 것이다. 놀라움과 부끄러움 속에서 기사들과 시종들, 그리고 농부들은 자신들이 좁고 답답한 서양의 구석에서 얼마나 어리석게 살고 있었는지 알게 되었다. 반면에 사라센인들은 얼마나 풍요롭고 세련되게, 그리고 호화롭게 살아가는지 두 눈으로 똑똑히 지켜보았다.

그들이 먼발치에서 경멸하던 이교도들은 인도산 비단으로 짠 감촉이 좋은 옷감과 올이 촘촘하고 화려한 색상의 부하라산 양탄자를 가지고 있었다. 그들은 또한 오감을 자극하여 마치 날개를 단 듯한 기분을 느끼게 해주는 향신료와 약초, 그리고 향수도 가지고 있었다. 그들의 배는 아주 먼 나라까지 가서 노예와 진주와 반짝이는 보석을 구해왔으며, 그들의 카라반[2]은 길을 따라 머나먼 여행을 하기도 했다. 그렇다, 그들은 유럽인이 생각했던 그런 야만인이 아니었다. 그들은 지구와 지구의 비밀을 알고 있었다. 이 세상의 모든 것이 적혀 있고 그려져 있는 지도와 도판을 가지고 있었다. 별들의 운행과 그 움직임을 이해하는 현자들이 있었다. 많은 나라와 바다를 정복했고 부와 무역, 삶의 기쁨을 독차지하고 있었다. 그들이 독일이나 프랑스의 기사단보다 훌륭한 전사라고는 할 수 없었음에도 말이다.

어떻게 그런 일을 해낼 수 있었을까? 그것은 배움을 통해서였다. 그들에겐 학교가 있었고 학교에는 세상의 모든 것에 대해 알려주고 설명해주는 책들이 있었다. 그들은 서양의 옛 학자들이 쌓아둔 지혜를 이미 알고 있었고 거기에 새로운 지식까지 더했다. 세상을 정복하기 위해서는 반드시 배움이 있어야 했다. 무술 시합이나 벌이고 흥청망청

---

2 주로 사막이나 황무지를 횡단하며 국가간, 민족간, 지역간 상거래로 문화를 전파하던 상인무리

먹고 마시는 일로 힘을 낭비해서는 안 될 일이었다. 스페인의 톨레도에서 제작된 품질 좋은 검처럼 정신을 단련하여 날카로우면서도 유연하게 만들어야 했다. 그래, 배우고 생각하고 연구하고 관찰하는 거다! 뒤처질세라 대학들이 연달아 생겨났다. 시에나와 살라망카에, 옥스퍼드와 툴루즈에 대학들이 들어섰다. 유럽의 모든 나라가 학문을 가장 우선시하기 시작했다. 무심하게 수 세기를 흘려보낸 후에야 비로소 유럽인들은 다시 땅과 하늘, 인간의 비밀을 밝혀내려 했다.

1300년. 유럽은 세상을 자유롭게 바라볼 수 있는 시야를 가로막고 있던 신학의 두건을 벗어 던졌다. 언제나 하나님에 대해서만 생각하는 것은 더 이상 아무런 의미가 없었다. 오래된 책들을 앞에 두고 한 자 한 자 따지며 새롭게 해석하고 토론하는 것 역시 더는 의미가 없었다. 하느님은 창조주이시며, 자신의 형상대로 인간을 창조하셨기 때문에 인간들도 창조적이기를 바랐다. 모든 예술과 학문 분야에는 그리스인들과 로마인들이 남긴 좋은 본보기들이 여전히 남아 있었다. 어쩌면 그 본보기들을 따라잡기 위해 고대 사람들이 예전에 할 수 있었던 것들을 다시 복원할 수 있을 것 같았다. 새로운 용기가 불타올랐다. 사람들은 다시 시를 쓰고, 그림을 그리고, 철학을 하기 시작했다. 단테Alighieri Dante 같은 인물이 부활했고, 조토Giotto di Bondone, 로저 베이컨Roger Bacon 같은 사람들, 그리고 대성당을 짓는 거장들도 나타났다. 오랫동안 접혀있던 미숙한 날개를 처음으로 펴자, 해방된 정신은 모든 거리를 뚫고 뻗어나갔다.

그러나 해방된 정신이 밟고 서 있는 땅은 왜 이리 좁을까? 지상의 지리학적인 세계는 왜 이렇게 제한적일까? 눈길을 어디로 돌려도 오직 바다뿐이었다. 해안을 따라 펼쳐져 있는 바다뿐이었다. 손댈 수도 없는 거대한 바다뿐이었다. 사람들은 미지의 바다가 무엇을 숨기고 있는지 알 도리가 없었다. 저 너머에 무엇이 있는지는 아무도 모른다. 남쪽으로 가는 유일한 길은 이집트를 거쳐 꿈의 땅인 인도까지 가는 것이지만 이교도들에 의해 막혀 있었다. 어느 누구도 헤라클레스의 기둥인 스페인과 아프리카 대륙 사이에 좁고 긴 지브롤터 해협을 건널 엄두를 내지 못했다. 단테의 말대로 지브롤터 해협은 모든 모험의 끝을 의미하는 것이었다.

… 그 협곡은 입구가 좁아
사람들이 더 이상 들어가지 못하게 하려고
헤라클레스가 이정표를 세웠던 곳이다.

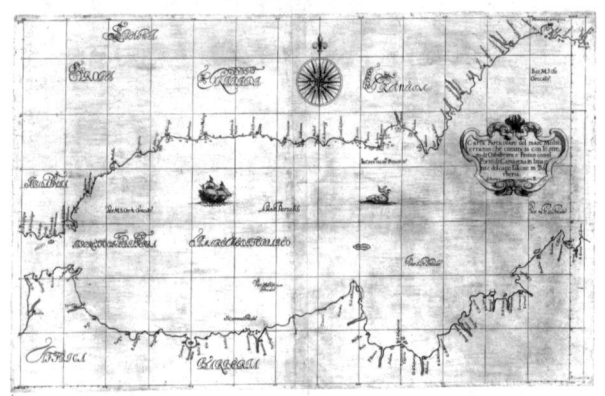

지중해와 지브롤터 해협(왼쪽) 로버트 더들리, 1636년

아, 위험한 미지의 '어두운 바다'로 나갈 길은 없었다. 한 번 뱃머리를 어두운 망망대해로 돌린 배는 다시는 돌아올 수 없을 것 같았다. 사람들은 자신들이 제대로 알지 못하는 공간에서 살아가야만 했고 그 크기와 형태가 어떠한지 가늠할 수 없는 세계에 갇혀 있었다.

1298년. 수염을 기른 두 노인은 그중 한 사람의 아들로 보이는 청년과 함께 배를 타고 베네치아에 도착했다. 그들은 이곳 리알토에서는 본 적 없는 특이한 옷차림을 하고 있었다. 가장자리를 모피로 장식한, 치렁치렁한 두꺼운 재킷을 입고 있었다. 그리고 이상하게 생긴 벽걸이 양탄자를 들고 왔다. 하지만 이 세 명의 낯선 사람들은 익숙한 베네치아 사투리로 자신들이 베네치아 사람이라고 주장했다. 그들 중 나이가 젊은 사람은 자신을 마르코 폴로Marco Polo라고 소개했다. 이들이 늘어놓은 이야기를 곧이곧대로 믿기는 어려웠다. 그들은 20년도 훨씬 전에 베네치아를 떠나 모스크바 제국과 아르메니아와 투르키스탄을 지나 만지[3]를 거쳐, 중국까지 여행했다. 그곳에서 원나라의 황제 쿠빌라이 칸Kubla Khan의 궁정에서 살았다. 그들은 쿠빌라이 칸의 광대한 제국 곳곳을 다 둘러보았는데, 그 제국에 비하면 이탈리아는 거대한 나무 밑에서 있는 패랭이꽃에 불과하다고 말했다. 또한 그들은 세상의 끝까지 가보았는데, 그

---

3 '만지(Mangi, 또는 Manzi)'는 마르코 폴로가 남송(南宋) 지역, 즉 중국 남부를 지칭하기 위해 사용한 이름으로, 이는 북방 지배자들(원나라)이 남중국인을 미개한 오랑캐라며 낮춰 부르던 '만자(蠻子)'에서 유래한 것으로 보인다.

곳에는 또 다른 대양이 있었다고 했다. 그리고 몇 년의 세월이 흐른 뒤 위대한 칸이 그들에게 선물을 주며 관직에서 물러나게 했을 때, 그들은 바로 대양을 건너 고향으로 돌아왔다는 것이다. 처음엔 지팡구[4]와 향료의 섬들을, 그리고 타프로파네라고 하는 큰 섬을 지나고 그 다음엔 페르시아만을 지나, 마침내 트라페춘트를 거쳐 운이 좋게 고향에 돌아왔다고 했다.

베네치아 사람들은 세 사람이 늘어놓는 말을 듣고는 웃음을 터뜨렸다. 정말 유쾌한 이야기꾼이로군! 아직까지 예수 같은 분도 저쪽 반대편에 있는 대양까지 가서 지팡구와 타프로파네 섬에 발을 들여놓았다는 얘기는 들어본 적이 없어! 불가능한 일이야.

폴로 일가는 손님들을 집으로 초대하여 선물과 갖은 보석들을 보여주었다. 그제서야 사람들은 입을 쩍 벌리고서 동향 사람들이 시대를 빛낼 최고의 발견을 해냈음을 깨달

---

4 '지팡구(Zipangu)'는 마르코 폴로가 일본을 지칭하며 사용한 명칭으로 '일본국(日本國)'이라는 한자의 남중국 방언 발음인 Jih-pen-kuo에서 유래하였다는 설이 널리 받아들여지고 있다. 이 명칭은 후에 'Japan'이라는 이름의 기원이 되었다.

았다. 그들의 명성은 서방 세계 전역에 힘차게 울려 퍼지며 새로운 희망을 불러일으켰다. 인도로 가는 것이 정말 가능하다는 것이다. 이 세상에서 가장 부유한 지역에 도달할 수 있고, 더 나아가 세계의 또 다른 끝까지 나아갈 수도 있다는 것이다.

마르코 폴로의 여행기를 펴낸 『동방견문록』의 삽화

1400년. 인도에 도착하는 것, 그것은 이제 세기의 꿈이 되었다. 그리고 그것은 어느 한 사나이, 포르투갈 엔히크 왕자의 꿈이기도 했다. 비록 그는 단 한 번도 직접 배를 타고 대양에 나서본 적이 없었지만, 역사는 그를 항해왕 엔히크라고 부른다. 어쨌든 그는 평생을 바쳐 값비싼 계피와 후추 그리고 생강이 잘 자라는 인도의 섬들, 말루쿠 제도[5]에 도착하는 꿈에 매달렸다.

'향신료가 자라나는 곳으로 가자.' 당시 이탈리아와 플랑드르 상인들은 향신료를 황금에 버금가는 가치를 지닌 것으로 여겼다. 하지만 오스만 제국은 이교도 상인들이 이용하던 가장 가까운 길인 홍해를 봉쇄하고, 수익성 높은 무역을 독점적으로 차지해버렸다. 그렇다면 서양의 적인 그들의 뒷덜미를 공격하는 것은 돈벌이가 되는 동시에 기독교적인 순례 행위가 아니겠는가? 아프리카를 돌아서 향료의 섬까지 가보는 것은 어떨까? 옛 서적에는 수백 년 전에 2년 동안에 걸쳐 홍해에서 출발하여 아프리카를 돌아 카르타고로 돌아왔다는 어느 페니키아 선박에 대한 특별한

---

5 인도네시아의 제도로 1000개에 달하는 섬들이 있다. 정향과 육두구 같은 귀한 향신료의 산지로, 대항해시대 유럽 열강들이 이곳의 향신료를 차지하기 위해 경쟁하면서 탐험과 식민지 쟁탈의 중심지가 되었다.

기록이 있었다. 이 일을 다시 한번 해낼 수는 없을까?

 엔히크 왕자는 학자들을 불러 모았다. 그는 포르투갈 최극단에 자리 잡은, 끝없이 펼쳐진 대서양의 파도가 거품을 일으키며 깎아지른 듯한 바위 벼랑을 때리는 사그레스 곶에 집을 하나 지어놓고서 각종 지도와 항해 정보를 수집했다. 그리고 천문학자와 항해사들을 하나둘 불러들여 의견을 들어보았다. 나이가 든 학자들은 적도를 지나서 항해하는 것은 불가능하다고 했다. 그들은 고대의 현자들인 아리스토텔레스와 스트라본[6] 그리고 프톨레마이오스[7]를 예로 들어가며 말했다. 회귀선 근처에 이르면 바닷물이 끈적끈적해지고, 배는 작열하는 태양으로 인해 불타버릴 것이라고 말이다. 그 지역에는 사람은커녕 나무나 풀 한 포기도 자랄 수 없다고 말했다. 바다로 나갔다간 물 위에서 굶어 죽게

---

6 스트라본(Strabo, 기원전 64/63~서기 24?)은 고대 그리스의 지리학자이자 역사가로, 그의 저서 『지리학』은 로마 제국 시대까지 알려진 세계의 지리·민족·문화에 대해 포괄적으로 서술한 책이다. 이는 이후 유럽 지리 인식의 기초가 되었다.

7 프톨레마이오스(Claudius Ptolemaeus, 2세기)는 알렉산드리아 출신의 학자로, 지구가 우주의 중심이라는 천동설을 주장했으며 지구 구형설을 증명하고자 하였다. 지도에 위도·경도 개념을 도입하여 고대 세계 지도의 기초를 마련하였다.

될 뿐이라는 것이다.

하지만 이러한 주장에 반박하는 학자들도 있었다. 바로 유대인과 아랍인 학자들이었다. 그들은 한번 시도해볼 만한 일이라고 했다. 그런 터무니없는 이야기는 기독교인들의 기를 꺾으려는 무어인 상인들이 일부러 퍼뜨린 것에 불과하다는 것이다. 위대한 지리학자 이드리시가 이미 오래 전에 남쪽에 비옥한 땅이 있으며, 그곳에서 무어인들이 카라반을 이용해 사막을 건너 검은 피부의 노예들을 데려온다는 사실을 확인한 바 있다고 그들은 말했다. 또한 아프리카를 돌아가는 항로가 표시된 아라비아 지도를 본 적이 있다고 했다. 아프리카 해안을 따라 항해하는 것은 충분히 도전할 가치가 있다고 말이다. 이제 새로운 도구들이 발명되어 위도를 측정할 수 있게 되었고, 중국에서 건너온 나침반으로 방향을 정확히 알 수 있게 되었으니 보다 큰 규모의 배를 만든다면 충분히 해볼 만한 일이라고 말했다. 엔히크 왕자는 명령을 내렸다. 그리하여 거대한 도약이 시작된다.

엔히크 항해 왕자(Infante Dom Henrique, 1394~1460) 포르투갈 아비즈 왕조의 왕자로, 유럽의 대항해시대를 여는 데 결정적 기여를 한 인물이다. 그는 직접 항해를 하지는 않았지만, 사그레스에 항해학교와 관측소, 지도 제작소를 세우고 수많은 항해자, 천문학자, 지도 제작자를 지원했다.

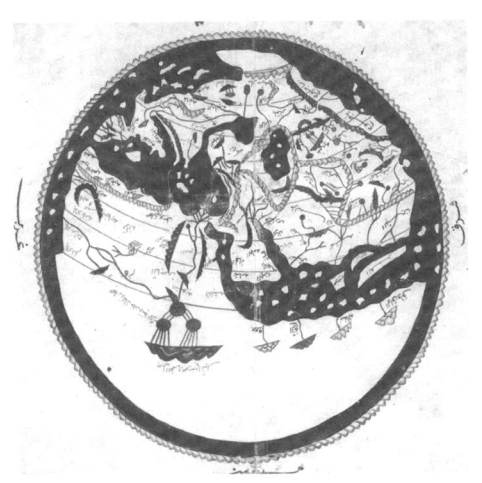

알 이드리시의 세계지도 중세 아랍의 지리학자로 당시 지리 정보를 수집해 세계 지도를 작성했다. 그의 지도에는 실라라고 표기된 섬이 그려져있어 정확한 형태는 아니지만 한국이 그려진 가장 오래된 세계지도 중 하나로도 주목받았다.

1450년. 위대한 도전은 시작되었다. 그것은 포르투갈인들이 이룬 불멸의 위업이었다. 1419년에 마데이라섬이 발견되었다. 아니, 다시 발견되었다. 1435년에는 오랫동안 찾았던, 고대인들의 '이상향의 섬'을 발견했다. 매년 조금씩 전진이 이루어졌다. 사람들은 베르데곶을 돌아서 왔고, 1445년에는 세네갈에 도착했다. 가는 곳마다 야자수와 과일과 사람들이 있었다. 이제 새로운 시대의 사람들은 현자들보다 훨씬 더 많은 것을 알게 되었다. 그리고 포르투갈의 탐험가 누누 트리스탕Nuno Tristão는 자신의 탐험을 돌이켜 보면서, 존경하는 프톨레마이오스에게는 실례가 되는 말이지만, 그 위대한 그리스인이 불가능하다고 단정지었던 그곳에서 비옥한 땅을 발견했다고 의기양양하게 보고했다. 천년의 세월이 흐른 후, 일개 항해자가 지리학의 대가인 프톨레마이오스를 감히 비웃게 된 것이다. 이 새로운 영웅들은 서로를 앞다투어 능가했다. 디오구 캉Diogo Cam과 디니스 디아스Dinis Dies, 알비세 카다모스토Alvise Cadamosto, 누누 트리스탕이 바로 그들이었다. 그들은 서아프리카의 해안을 따라 탐험하면서 이제까지 아무도 발을 들여놓지 못했던 해안을 발견할 때마다 그곳에 점령의 표시로 포르투갈식 십자가가 새겨진 자랑스러운 기념비를 세웠다. 세계는 미지의 세계로 과감히 나아가는 이 작은 민족의 발걸음을 놀라움에 찬 눈길로 바라보았다. 이 민족은 아무도 해낸 적 없는 일을 그들 스스로 이루어낸 것이다.

1486년. 그들은 승리했다! 아프리카를 돈 것이다! 바르톨로메우 디아스[8]는 폭풍의 곶, 희망봉을 돌았다. 그곳에서부터는 더 이상 남쪽으로 내려갈 필요가 없었다. 이제 뒤에서 불어오는 계절풍을 타고 대서양을 가로질러 동쪽으로 배를 몰아야 했다. 그 뱃길은 이미 에티오피아의 기독교 왕인 프레스터 존[9]에게 보낸 두 명의 유대인 사절단이 포르투갈 왕에게 가져온 지도를 통해 알고 있던 길이었다. 그렇게 해서 그들은 인도에 도착했다. 하지만 바르톨로메

---

8 바르톨로메우 디아스(Bartolomeu Dias, 1450~1500)는 포르투갈의 항해가로, 1488년 유럽인 최초로 아프리카 최남단인 희망봉을 돌아 인도 항로 개척의 기반을 마련하였다.

9 사제왕 요한의 전설에 등장하는 전설 속의 왕. 사제왕 요한이라고도 한다. 중세 유럽에서 널리 퍼졌던 전설 속의 기독교 왕으로, 이슬람 세계 너머 어딘가에 강력한 기독교 왕국을 다스린다고 믿어졌다. 15세기 무렵부터는 그 위치가 에티오피아로 여겨지며 포르투갈 탐험의 동기가 되었다.

우 디아스 원정대는 극도의 탈진으로 인해 목표를 완전히 달성하지 못했다. 그 일은 이후 바스코 다 가마가 마무리하게 된다. 이것만으로도 충분했다. 뱃길을 발견했으니, 이제는 어느 누구도 포르투갈을 앞지를 수 없었다.

『세계의 무대』에 실린 아프리카 지도 아브라함 오르텔리우스, 1570년

1492년. 하지만 그렇지 않았다! 누군가가 포르투갈을 앞질렀다! 믿을 수 없는 일이 일어났다. 콜론 또는 콜롬 또는 콜롬보라고 하는 사람, 역사가 앙기에라의 피터 마터^{Peter}

Martyr의 보고에 따르면 '크리스토포루스 키담 콜로노스 비르 리구루스'라는 사람, 또 다른 사람의 보고에 따르면 '전혀 알려지지 않은 한 사나이'가 스페인 깃발을 달고서 동쪽으로 아프리카를 돌아가지 않고, 곧장 서쪽으로 대양을 건너서 정말로 놀랍게도 그의 표현에 따르면 '짧은 길'를 통해 인도에 도착한 것이다. 그는 마르코 폴로가 만났다는 쿠빌라이 칸을 만나지는 못했지만, 그의 말에 따르면 맨 먼저 지팡구(일본)로 갔으며 이어서 만지(중국)에 도착했다. 그리고 단 며칠 만의 여행 끝에 갠지스강에 도착했다.

콜럼버스가 눈에 띄게 붉은 피부를 가진 인도인들과 앵무새, 그리고 황금 등에 얽힌 대단한 이야깃거리를 가지고 고향으로 돌아왔을 때 유럽 사람들은 놀라움에 입을 다물지 못했다. 참으로 희한한 노릇이었다. 사람들이 생각했던 것보다 지구는 훨씬 더 작다는 말인가. 그렇다면 토스카넬리[10]의 말이 맞는 것이다. 스페인이나 포르투갈에서 출발

---

10   파올로 토스카넬리(Paolo Toscanelli, 1397~1482)는 이탈리아의 수학자이자 천문학자로 포르투갈 궁정에 서쪽 항로를 통해 향료 제도에 도달할 수 있다는 계획안을 담은 지도를 보냈으며, 이 자료는 크리스토퍼 콜럼버스(Christopher Columbus, 1451~1506)에게 전해졌다. 당시 지도에 아메리카 대륙은 없었기 때문에 콜럼버스는 스페인에서 출발해 계속 이동하다보면 아시아나 인도가 나올 것으로 생각했다.

하여 3주 정도만 서쪽으로 항해하면 중국이나 일본, 또는 향료의 섬 아주 가까운 곳까지 갈 수 있다는 것이다. 아프리카를 돌아 6개월에 걸쳐 항해한 포르투갈 사람들은 얼마나 어리석은가. 보물로 넘치는 인도가 스페인의 코앞에 있었는데 말이다. 스페인은 가장 먼저 교황의 칙서를 통해 서쪽으로 가는 항로와 그 도중에 발견한 모든 땅에 대한 권리를 확보해놓았다.

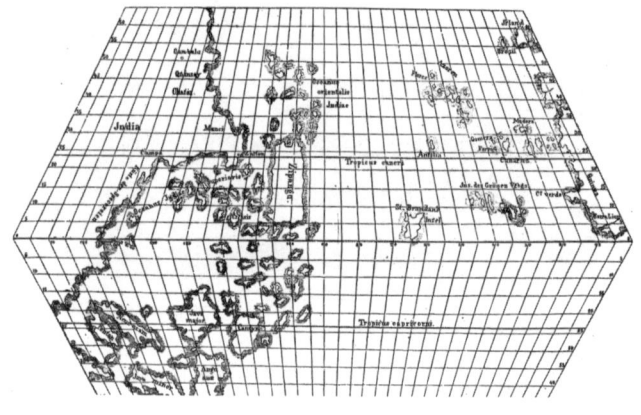

1894년 독일의 헤르만 바그너가 재구성해 복원한 토스카넬리의 지도 지도에 따르면 대서양을 향해 서쪽으로 항해하면 지팡구와 인도에 도달할 수 있다.

1493년. 이제 더 이상 익명의 어떤 사람이 아닌 여왕 폐하 직속의 제독이자 새로 발견한 땅의 부왕이 된 콜럼버스는 두 번째 인도 항해에 나섰다. 그는 위대한 칸에게 전할 여왕 폐하의 친서를 몸에 지니고 갔다. 이번 항해에서는 중국에서 칸을 분명히 만날 수 있을 것으로 기대했다. 그는 1,500명의 인원을 데리고 갔다. 그중에는 군인, 선원, 이주자 그리고 토착민을 즐겁게 해줄 악사들도 있었다. 그 밖에도 그는 금과 보석을 담을 쇠로 만든 튼튼한 상자들도 가지고 갔다. 지팡구와 캘리컷(인도)에서 금과 보석을 가득 가져올 수 있을 거라고 기대했기 때문이다.

산살바드로에 상륙한 콜럼버스 존 밴더린, 1847년

1497년. 세바스찬 캐벗이라고 하는 또 다른 항해사가 영국에서 출발하여 대서양을 가로질러 항해했다. 놀랍게도 그 역시 미지의 땅에 도착했다. 그곳은 바이킹족들이 발견했다는 핀란드인가? 아니면 중국인가? 어쨌든 놀랍게도 '어둠의 바다' 대서양은 정복당했고 이제 용감한 사람들에게 자신의 비밀을 하나둘씩 넘겨주어야 하는 처지가 되었다.

1499년. 포르투갈에서는 환호성이 터졌고 유럽 전체에 센세이션이 일어났다! 바스코 다 가마[11]가 위험스런 곳을 지나 인도에서 돌아온 것이다. 그는 훨씬 더 멀고도 험난한 길을 택했지만, 결국 믿을 수 없을 만큼 부유한 자모린이 있는 캘리컷에 도착했다. 콜럼버스처럼 작은 섬이나 외딴 본토에 도달한 것이 아니었다. 다시 말해 그는 인도의 심장부와 보물창고를 목격한 것이다. 즉시 바스코 다 가마의 뒤를 이은 페드루 알바르스 카브랄 Pedro Alvares Cabral의 지휘 아래 새로운 원정대가 조직되었다. 스페인과 포르투

---

1 1 바스코 다 가마(Vasco da Gama, 1460~1524)는 포르투갈의 탐험가로, 인도 캘리컷에 도달함으로써 유럽에서 인도로 가는 직항 항로를 발견하였다. 그의 항해는 포르투갈의 인도 진출을 본격화시키는 계기가 되었다.

갈은 이제 인도를 놓고 경쟁을 벌이게 되었다.

왕좌에 앉은 캘리컷의 자모린 벨로소 살가도, 1898

1500년. 또다시 새로운 사건이 일어났다. 카브랄은 아프리카를 돌아 항해하던 중 서쪽으로 지나치게 멀리 비켜 가다가, 캐벗이 북쪽에서 그러했던 것처럼 남쪽에서 또다시 어느 미지의 땅과 마주쳤다. 그것은 옛 지도에 나오는 전설적인 섬인 앤틸리아 제도인가, 아니면 이 섬 역시 인도인가?

1502년. 이루 다 헤아릴 수 없을 만큼 많은 사건이 있었다. 불과 10년 동안 지난 천 년에 걸쳐 이루어졌던 것보다 더 많은 발견이 이루어졌다. 배들은 연이어 항구를 떠났고 돌아오는 배마다 새로운 소식을 가져왔다. 마법의 안개가 걷히듯 갑자기 미지의 세계가 드러났다. 뱃머리를 어느 쪽으로 돌리든, 북쪽과 남쪽에서 새로운 섬과 땅이 나타났다. 이제 성자들의 이름이 빽빽하게 적힌 달력조차도 모든 섬과 땅에 붙일 이름을 정하기에 충분치 못했다.

콜럼버스는 수천 개의 섬을 혼자 발견했다고 주장했고, 심지어 낙원에서 발원하는 강물도 보았다고 했다. 그러나 이상하기 짝이 없는 일이었! 인도의 해안에 자리 잡고 있다는 이 모든 섬들과 이 특이한 땅들이 어째서 고대와 아랍 사람들에게 알려지지 않았을까? 마르코 폴로는 어찌해서 그것들에 대해 한마디도 하지 않았을까? 마르코 폴로가 말한 지팡구와 차이툰[12]은 콜럼버스 제독이 발견한 땅과 얼마나 다른가? 그 모든 것은 너무나 혼란스럽고 모순적이며 신비로 가득 차 있어서, 서쪽에 위치한 이 섬들에 대해 사람들은 무엇을 믿어야 할지 갈피를 잡을 수가 없었다.

---

1 2 차이툰(Zayton)은 마르코 폴로가 기록한 당시 중국의 대표적인 무역항으로, 오늘날 중국의 취안저우를 가리킨다.

정말로 이미 배를 타고 전 세계를 다 돌아다닌 것일까? 콜럼버스는 정말 갠지스강 근처까지 갔던 것일까? 서쪽에서 항해한 그가, 동쪽에서 항해해 오는 바스코 다 가마와 마주칠 정도로 지구가 작은 것이란 말인가? 지구는 과연 우리의 생각보다 큰 것인가, 작은 것인가? 독일의 인쇄업자들이 책을 아주 쉽게 접할 수 있게 만들어 놓았으니 이제 누군가가 나타나서 이 모든 기적을 제대로 설명해주기만 하면 될 텐데! 학자들과 항해사들, 상인들과 제후들 모두가 초조하게 기다렸다. 유럽 전체가 기다리고 있었다. 그 모든 것을 발견한 뒤, 사람들은 도대체 그들이 무엇을 발견한 것인지 정확히 알고 싶었다. 세기의 결정적인 업적이 달성되었다고 모두가 느끼고 있었지만, 아직 그 업적의 의미와 그에 대한 해석은 이루어지지 않은 상태였다.

아메리카에 도착한 콜럼버스 테오도르 드 브리, 1594년

32쪽에서 탄생한 불멸의 이야기

1503년. 어느 도시가 먼저라고 할 것도 없이 파리, 피렌체를 비롯한 여러 도시들에서 몇 장의 인쇄된 종이들이 퍼져 나가기 시작했다. 전체 분량은 대략 4장에서 6장 정도였으며, 그 제목은 「신세계Mundus Novus」였다. 라틴어로 작성된 이 글의 저자는 알베리쿠스 베스푸치우스Albericus Vespucius 또는 베스푸티우스Vesputius라고 팸플릿은 밝혔다.

그는 메디치 가문[13]의 라우렌티우스 페트루스 프란치스쿠스 앞으로 보내는 편지 형식의 글을 통해 포르투갈 왕의

---

[13] 메디치(Medici) 가문은 르네상스 시기 피렌체를 중심으로 막대한 영향력을 행사한 이탈리아의 금융 귀족 가문으로, 예술과 학문, 과학의 후원자로서 유럽 문화 발전에 중요한 역할을 했다.

명령으로 자신이 다녀온, 이전까지 전혀 알려지지 않았던 미지의 땅에 대한 항해 기록을 보고하고 있었다. 지리상의 새로운 발견에 대한 이러한 편지 형식의 보고는 당시 흔한 일이었다. 벨저 가문이나 푸거 가문, 메디치 가문과 같은 독일, 네덜란드, 이탈리아의 거대 상인 가문들과 베네치아 상인 연합은 모두 리스본과 세비아에 연락관을 두고 있었는데 이들의 주요 임무는 사업 방향을 잡는 데 도움이 될 만한 성공적인 인도 항해 소식을 전해주는 것이었다.

상무관들이 보낸 편지는 사업상 비밀스러운 정보를 담고 있는 경우가 많아서 사람들에게 인기가 많았으며, 그 사본들 중 하나가 장사 수완이 좋은 인쇄업자의 손에 들어가 금세 대량으로 팔려나가기도 했다. 아직 제대로 된 신문이 자리 잡지 못했던 그 당시, 이 팸플릿들은 1년에 몇 번 서는 대목 시장에서 면죄부나 의료 처방전과 함께 판매되며 빠르게 사람들의 호기심을 채워주었다. 사람들은 그것을 구입해 편지나 소포에 넣어 다른 친구에게 보내기도 했다. 그리하여 원래는 현지 상무관이 주인 앞으로 보낸 개인적인 편지가 인쇄된 책의 형태로 대중에게 널리 읽히는 일이 자주 있었다.

1493년, 콜럼버스가 '갠지스강 근처의 섬'에 도착했다고 알린 첫 번째 편지를 제외하면 당시 퍼져나가던 모든 팸플릿 중에서 그때까지 완전히 무명에 가까웠던 알베리쿠스가 쓴 이 네 장짜리 팸플릿보다 획기적인 센세이션을 불러일으킨 팸플릿은 없었다. 이미 이 글의 텍스트 자체가 어느 정도의 파장을 예고하고 있었다. 이 편지는 교양 있는 모든 사람들이 지금까지 얼마나 많은 세계가 발견되었으며, 그곳에는 무엇이 있는지 정확히 알 수 있도록 이탈리아어로 씌어진 것을 라틴어로 번역했다고 밝혔다. 약간 과장된 듯한 광고적 표현은 새로운 소식에 굶주려 있던 당시 사람들에게 이미 거부할 수 없는 미끼였다. 그에 걸맞게 이 작은 팸플릿은 날개 돋친 듯 퍼져나갔다. 아주 멀리 떨어진 도시에서도 여러 번 재판을 찍었으며 독일어, 네덜란드어, 프랑스어, 이탈리아어로 번역되었다. 당시 전 세계 나라말로 발간되기 시작한 각종 항해 보고 문집에도 실리게 되었다. 이 팸플릿은 아직 세상 돌아가는 일을 잘 모르는 사람들에게 있어 새로운 지리학의 초석은 아니더라도 경계석 역할은 충분히 했다.

AMERIC VESPVCE.

아메리고 베스푸치 자크 라이히, 미국 의회 도서관 소장

 이 작은 책자가 대대적인 성공을 거둔 것은 충분히 납득할 수 있는 일이었다. 왜냐하면 베스푸치우스^{Vesputius}라는 이 무명의 사나이는 모든 항해사들 가운데 이야기를 흥미롭게 전달할 줄 아는 최초의 인물이었기 때문이다. 일반적으로 그런 모험적인 선박을 타는 사람들은 글을 읽을 줄

모르는 장사꾼이거나 자기 이름으로 서명조차 할 줄 모르는 군인이나 선원이었으며, 기껏해야 사실을 건조하게 나열할 뿐인 법률가나 위도와 경도만 기록하는 항해사에 불과했다. 그러므로 대부분의 사람들은 새로운 세기가 다가올 무렵까지도 먼 곳에서 도대체 어떠한 발견들이 이루어졌는지에 대해 전혀 알지 못했다. 바로 그런 시기에 믿을 만하고 학식까지 갖춘 한 사람이 나타난 것이다.

그는 과장하거나 꾸며대지도 않고 포르투갈 왕의 명을 받아 1501년 5월 14일에 항해를 시작해, 칠흑같이 어둡고 폭풍이 몰아쳐 해도 달도 보이지 않는 하늘 아래 두 달 하고도 이틀 동안 대양을 건넜던 일을 담담하게 이야기했다. 그는 자신의 글을 읽는 이들이 그 모든 끔찍한 광경을 생생하게 느낄 수 있게 했다. 벌레에 파먹혀 물이 줄줄 새어 들어오는 상황에서 사람들이 안전한 육지에 도달할 희망조차 잃어가던 때의 상황도 상세히 묘사했다. 그러한 상황 속에서도 자신들의 지리학적 감각 덕분에 마침내 1501년 8월 7일에 육지를 발견했다는 것이다. 그것도 축복받은 육지를! 비록 이 날짜는 그의 다른 보고서와 차이가 있지만,

이런 사소한 오차는 이 학식 있는 사람에게는 너그럽게 눈감아줘야 할 것이다.

  그는 그곳이 인간에게 고통과 수고를 요구하지 않는 곳이라 말했다. 나무들을 가꾸지 않아도 열매가 저절로 주렁주렁 열렸으며, 강과 샘은 맑고 좋은 물을 사람들에게 제공했고, 바다는 물고기로 넘쳐났으며, 땅은 형언할 수 없을 정도로 비옥하여 이름조차 알 수 없는 맛 좋은 과일들이 지천으로 넘쳐났다. 풍요로운 땅 위로는 서늘한 산들바람이 불고, 숲은 울창히 우거져 뙤약볕이 강력히 내리쬐는 한낮에도 그곳에만 들어서면 시원했다. 프톨레마이오스가 꿈에도 생각하지 못했을 수천 가지의 새들과 짐승들이 살고 있었다. 사람들은 아직도 순진무구한 모습으로 살고 있었다. 그는 그곳에 사는 사람들의 피부색이 붉은빛을 띠었던 것은 태어나서 죽을 때까지 벌거벗고 다녀 햇볕에 그을렸기 때문이라고 설명했다.

현대의 새로운 발명들 중 제1판, 아메리카의 우화 테오두어 갈레, 1630년

그들은 옷이나 장식품, 그 밖의 어떤 소유물도 가지고 있지 않았고 모든 것을 공동 소유했는데 심지어 여자들까지도 공동으로 소유했다. 학식이 풍부한 이 탐험가는 언제나 호감을 샀던 그 여자들의 관능성과 관련하여 몇 가지 야한 일화도 들려주었다. 수치심이나 도덕적인 금기는 야생의 삶을 사는 그들에게 완전히 낯선 것이었다. 아버지는 딸과 잠자리를 함께했으며 오빠는 여동생과, 아들은 어머니와 동침했다. 오이디푸스 콤플렉스나 심리적인 거리낌 같은 것은 존재하지 않았다. 그들의 유일한 단점은 서로를 잡아

먹는 식인 행위였는데, 이같은 행위를 저지르지 않는다면 150살까지는 너끈히 살 수 있었을 것이라고 했다. 요컨대, "만약 지상 낙원이 어딘가에 존재한다면, 그것은 여기서 멀지 않은 곳일 것이다."

베스푸티우스는 브라질에 관한 이야기를 마무리하기 전 축복받은 반구의 하늘에서 전혀 다른 모습으로 빛나던 별들의 아름다움에 대해 조금 더 자세히 이야기했다. 왜냐하면 바로 이곳이 앞서 말한 낙원이었기 때문이다. 그리고 그는 '자신의 기억이 후세까지 전해지고, 하나님의 훌륭한 솜씨가 우리가 잘 알지 못하는 지구의 낯선 곳에도 펼쳐져 있음'을 사람들이 알 수 있도록 이번 항해와 다음번의 다른 항해에 대해서는 한 권의 책으로 더 상세히 보고하겠다고 약속했다.

우리는 여기서 생동감 넘치고 다채로운 그의 보고가 당대 사람들의 마음속에 얼마나 큰 호기심을 심어주었는지 충분히 이해할 수 있을 것이다. 그들의 마음속에서 미지의 세계에 대한 호기심은 채워지는 동시에 다시금 자극되었다. "만약 지상 낙원이 어딘가에 존재한다면, 그것은 여기서 멀지 않은 곳일 것이다."라는 이 한마디로 베스푸티우스는 당대의 가장 신비스런 소망 중 하나를 건드렸던 것이다.

MUNDUS NOVUS

EIN BERICHT AMERIGO VESPUCCI'S AN LORENZO
DE MEDICI ÜBER SEINE REISE NACH BRASILIEN
IN DEN JAHREN 1501/02

NACH EINEM EXEMPLARE DER ZU ROSTOCK VON
HERMANN BARCKHUSEN GEDRUCKTEN FOLIOAUSGABE,
IM BESITZE DER STADTBIBLIOTHEK ZU FRANKFURT A. M.,

IN FAKSIMILE UND MIT EINLEITUNGEN HERAUSGEGEBEN VON

Dr. EMIL SARNOW UND Dr. KURT TRÜBENBACH
BIBLIOTHEKAR OBERLEHRER

STRASSBURG IM ELSASS 1903
J. H. ED. HEITZ (HEITZ & MÜNDEL)

「신세계」 아메리고 베스푸치가 로렌초 데 메디치에게 보낸 1501년 2월 브라질 여행 보고서 프랑크푸르트 시립도서관에 소장된 헤르만 바르크후젠이 인쇄한 판본을 복제한 사본

이미 오래전에 교부들, 특히 그리스의 신학자들은 다음과 같은 명제를 제시한 바 있었다. 하나님은 아담의 원죄 이후에도 낙원을 결코 파괴하지 않고 인간의 발길이 닿지 않는 '미지의 땅'으로 옮겨놓았다. 그러나 신비주의 신학에 따르면 이 '미지의 땅'은 대양 너머에 있다고 했다. 즉, 인간이 접근할 수 없는 곳이었다. 하지만 이제 탐험가들의 담대함이 그동안 뚫을 수 없었던 이 대양을 지나 새로운 별들이 빛나는 반구에 도달했으니 인류의 오랜 꿈이 마침내 이루어져 잃어버린 낙원을 다시 찾을 수 있는 것은 아닐까? 원죄 이전의 세상과 기이하게도 닮은 이 순진무구한 세계에 대한 베스푸티우스의 묘사가 재앙과 고난 한가운데서 살아가던 사람들의 마음을 뒤흔든 것은 어쩌면 당연한 일이었다.

당시 독일에서는 더 이상의 고통을 견딜 수 없다며 농부들이 떼를 지어 한곳으로 모여들고 있었다. 스페인에서는 종교재판이 횡행하여 신앙이 아무리 깊은 사람이라도 마음의 평화를 누릴 수 없었으며, 이탈리아와 프랑스에서는 전쟁이 휘몰아치고 있었다. 이처럼 일상의 곤궁과 피로에 지친 수천수만의 사람들은 과열된 세상이 혐오스러워 수도원으로 도피했다. 그저 누구에게도 방해받지 않는 소박한 삶을 살고자 했던 '보통의 사람들'은 이 세상 어디에서도 안식과 평화를 찾을 수 없었다. 바로 그때 불과 몇 장의 팸플릿과 함께 새로운 소식이 등장하여 이 도시, 저 도시를 휩쓸었다. 협잡꾼이나 신드바드 같은 모험가나 사기꾼이 아니라 믿을 만한 사람이, 포르투갈 왕이 파견한 학식 있는 사람이 지금껏 우리가 알고 있던 땅과는 멀리 떨어진 곳까지 가서 어떤 새로운 땅을 발견했는데 그곳의 사람들은 평화를 누리며 살아가고 있다는 것이다.

그곳은 돈이나 소유물, 권력을 위한 싸움이 인간들의 마음을 뒤흔들지 않는 땅이었다. 그곳에는 제후도, 왕도, 고리대금업자도, 강제 부역을 시키는 이도 없으며 생계를 유지하려고 손이 상처투성이가 되는 일도 없었다. 그곳의 대지는 마치 어머니처럼 인간을 먹여 살렸고, 인간은 서로에게 영원한 적이 되지 않았다. 베스푸티우스라는 이 무명의 사나이가 사람들의 마음속에 불러일으킨 것은 아주 오래된 종교적 소망이자 메시아적 염원이었다. 그는 인류의 마음 가장 깊숙한 곳에 묻혀 있던 그리움을 건드렸으며, 도덕과 돈과 법과 소유로부터의 자유를 향한 꿈을 자극했다. 또한 누구나 마음속에 마치 지난날의 낙원에 대한 흐릿한 기억처럼 신비롭고 어렴풋이 간직하고 있던, 수고와 책임이 따르지 않는 삶에 대한 끝없는 열망을 일깨워 놓았다.

이와 같은 독특한 상황 덕분에 인쇄 상태도 조잡하고 분량도 얼마 되지 않는 이 작은 팸플릿이 그 시대의 사람들에게 이전의 다른 어떤 보고서도 누리지 못한, 심지어 콜럼버스의 보고서조차 누리지 못한 영향력을 행사할 수 있었던 것 같다. 그러나 이 자그마한 팸플릿의 본래 명성과 세계사적 의미는 그 내용 자체에 있지도 않고, 또 동시대 사람들의 마음속에 불러일으킨 정신적 긴장에 있는 것도 아니다. 이 편지가 본격적인 사건이 된 까닭은 놀랍게도 편지 본문 때문이 아니라 '신세계'라는 단어 때문이었다.

이때까지만 해도 유럽 사람들은 향료와 보물이 가득한 인도에 이르는 '두 가지 길'이 발견된 것을 단지 지리적인 사건 정도로만 생각하고 있었다. 그 길이란 바스코 다 가마가 발견한 아프리카를 돌아 동쪽으로 가는 길과 크리스토퍼 콜럼버스가 발견한 이전까지 항해한 적 없는 대양을 가로질러 서쪽으로 가는 길이었다. 사람들은 바스코 다 가마가 캘리컷 궁전에서 가져온 보물들을 놀라움 가득한 눈빛으로 바라보았으며, 스페인 왕의 직속 제독인 크리스토퍼 콜럼버스가 중국 본토 해안 근처라며 들려준 수많은 섬 이야기를 호기심 어린 눈빛으로 경청했다. 그의 황홀한 보고에 따르면, 그는 마르코 폴로가 묘사한 위대한 칸의 땅을 밟았다고 했다. 그렇게 보자면 세계를 다 돌아본 것이었다. 수천 년 전부터 도달하기 어려울 것으로 생각했던 인도를 양쪽에서 찾아냈으니 말이다.

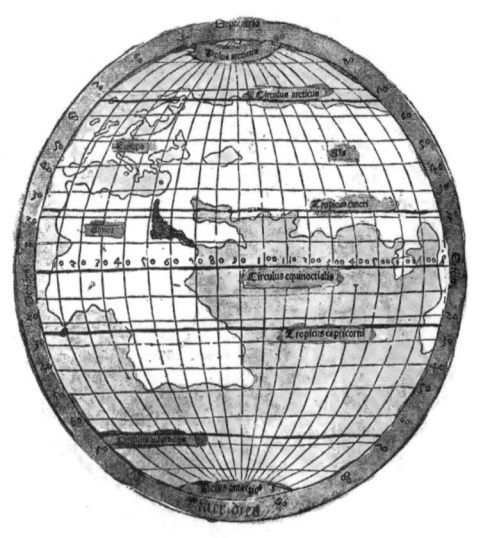

「신세계」에 수록된 아메리고 베스푸치의 세계지도

그런데 바로 그 시점에 또 다른 항해사, 바로 이 특이한 인물 알베리쿠스 베스푸티우스가 나타나 사람들에게 놀라운 사실을 알린 것이다. 자신이 서쪽으로 항해한 끝에 도착한 땅은 결코 인도가 아니라 아시아와 유럽 사이에 있는 완전히 새로운 미지의 땅, 즉 지구의 새로운 부분이라는 것이다. 베스푸티우스는 포르투갈 왕의 명을 받아 발견한 그 지역을 자신 있게 '신세계'라고 불러도 무방하다고 기록했다. 그러면서 그는 왜 자신이 이렇게 생각하는지에 대해 자세한 근거를 제시했다.

"그 이유는 우리의 조상들 중 누구도 우리가 본 그 땅과 그 땅이 가지고 있는 것에 대해 전혀 알지 못했고, 우리의 지식이 선조들의 지식을 뛰어넘었기 때문입니다. 대부분의 선조들은 적도 이남으로는 육지가 없으며 오직 대서양이라 부르는 무한한 바다만 존재한다고 여겼습니다. 설령 그곳에 대륙이 있다고 생각한 사람들도 여러 이유를 들어 그곳에는 사람이 살 수 없다고 믿었습니다. 나의 항해는 이러한 견해가 진실이 아니라는 것을 증명했습니다. 왜냐하면 나는 적도 이남에서 대륙을 발견했기 때문입니다. 그 대륙에는 계곡마다 유럽, 아시아, 아프리카보다도 더 많은 사람들과 동물들이 살고 있으며 우리에게 알려진 다른 어떤 대륙보다 기후가 온화하고 쾌적했습니다."

이 짧지만 강렬한 문장들이 「신세계」라는 팸플릿을 인류의 기억에 영원히 남을 증서로 만들어 주었다. 이 글은 270년이나 앞서 쓰인 아메리카 최초의 독립선언문이었다. 콜럼버스는 임종의 순간까지 자신이 처음 발을 디딘 과나하니[14]와 쿠바를 인도라고 믿는 착각 속에 살았다. 콜럼버스의 착각은 동시대 사람들로 하여금 세상을 더 작게 인식하도록 만들었다. 오직 베스푸치에 이르러서야 인도라는 가설을 깨트리고 그것이 전혀 새로운 세계라고 명확히 선언함으로써, 지금까지도 유효한 새로운 척도를 만들어낸 것이다.

베스푸치는 위대한 발견자인 콜럼버스의 눈을 가리고 있던 장막을 걷어냈다. 자신이 발견한 대륙이 앞으로 얼마나 큰 의미를 갖게 될지 아직 정확히 알 수 없었지만, 어쨌든 그 대륙의 남쪽 부분이 독립된 새로운 땅임을 정확

---

14 과나하니섬은 콜럼버스가 아메리카에 처음 도달한 섬을 원주민들이 부르던 이름이다. 오늘날의 카리브해 인근에 위치한 섬으로 추정된다.

히 인지했다. 이러한 의미에서 베스푸치는 사실상 '아메리카'의 발견을 완성했다고 할 수 있다. 왜냐하면 모든 발견이나 발명은 단지 그것을 발견하거나 발명한 사람뿐만 아니라 그 의미와 영향을 인식한 사람을 통해 비로소 진정한 가치를 얻기 때문이다. 콜럼버스가 탐험과 발견이라는 공적을 세웠다면, 베스푸치는 앞서 언급한 선언을 통해 콜럼버스의 행위에 대한 역사적 해석이라는 공적을 세웠다. 그는 앞선 사람이 몽유병 환자처럼 방황하며 발견한 것을, 마치 꿈의 해몽가처럼 명확하고 구체적으로 밝혀낸 것이다.

이 선언이 불러일으킨 호기심은 엄청나면서도 즐거운 것이었다. 이 놀라움은 당대 모든 사람들의 가슴속 깊숙이 스며들었다. 그리고 그 충격은 제노바 사람인 콜럼버스가 처음 대륙을 발견했을 때보다 훨씬 더 컸으며 오랫동안 지속되었다. 인도에 도달하는 새로운 항로가 발견되었다는 사실이나, 마르코 폴로가 오래전에 기술한 나라들에 스페인에서 배를 타고 갈 수도 있다는 소식은 사업을 하는 일부 사람들만의 관심사였다. 그들은 안트베르펜과 아우크스부르크, 베네치아의 상인들이었으며 오래전부터 바스코 다 가마가 개척한 동쪽 항로인가 아니면 콜럼버스가 발견한 서쪽 항로인가 하며 어느 항로를 이용해야 값비싼 향료, 후추, 계피를 더 싸게 운송할 수 있을지를 두고 고민하던 사람들이었다.

그러나 신대륙이 대양 한가운데에서 발견되었다는 베스푸치의 말은 일반 사람들의 상상력에 걷잡을 수 없는 불길을 지폈다. 그가 발견한 것은 혹시 고대 사람들이 말하던 전설의 섬, 아틀란티스일까? 행복이 넘치고 사람들이 평화롭게 살아가는 포근한 섬일까? 이 세계는 지난날 가장 현명하다고 자부했던 사람들이 생각했던 것보다 훨씬 더 넓고 놀라운 것들로 가득하구나. 지구의 마지막 비밀을 밝히는 것이 바로 자신들의 세대에게 주어진 사명이라는 느낌 덕분에 당시 사람들의 자의식은 놀랍도록 고양되었다. 지리학자, 천문학자, 인쇄업자, 그리고 그들 뒤편에 있던 헤아릴 수 없이 많은 독자들은 이 미지의 인물 알베리쿠스가 자신의 약속을 지켜, 지구의 크기를 최초로 인류에게 깨닫게 한 그의 탐험과 여정에 대해 더욱 많은 이야기를 들려주기를 애타게 기다리고 있었다.

그리 오래 기다릴 필요는 없었다. 2~3년 뒤에 피렌체의 한 인쇄소에서 총 16장 분량의 얇은 이탈리아어 소책자가 출판되었다. 우리가 나중에 어떤 이유에서인지 알게 되겠지만 이 인쇄소 주인은 자신의 이름을 일부러 밝히지 않았다. 그 책자의 제목은 「아메리고 베스푸치가 네 번의 항해에서 발견한 섬들에 관한 편지」(이하 「네 번의 항해」)였다. 책자의 끝부분에 다음과 같은 날짜가 찍혀 있었다. "1504년 9월 4일, 리스본에서. 리스본의 아메리고 베스푸치 상무관."

이미 제목만으로도 사람들은 이 신비스러운 사람에 관해 더 많은 사실을 알게 되었다. 우선, 그의 이름은 알베리코가 아니라 아메리고였으며, 성은 베스푸치우스가 아니라 베스푸치였다. 어느 대귀족에게 보낸 편지 서두에서 그 밖의 다른 사정들도 분명히 드러났다. 베스푸치는 자신이 피렌체에서 태어나 상인이 되어 스페인으로 건너갔다고 밝혔다. 그는 이 직업에 4년 동안 종사하면서 행운이 얼마나 덧없는지를 경험했다고 했다.

"행운은 변덕스럽게도 재물을 제멋대로 나누어주어서

어떤 날은 인간을 올려놓았다가도, 이튿날이면 다시 그를 밑바닥으로 내던지면서 모든 재물을 빼앗아가곤 했습니다."

그러나 그는 동시에 이익을 좇는 추구 속에 얼마나 많은 위험과 불쾌함이 도사리고 있는지를 목격했기에, 결국 무역 일을 그만두고 더 높고 명예로운 목표를 세우기로 결심했다. 그 목표란 바로 세상의 경이로움을 직접 경험해 보는 것이었다. 그 무렵 그에게 좋은 기회가 찾아왔다. 카스티야의 왕이 서쪽에 있는 새로운 땅을 발견하기 위해 네 척의 배를 준비하고 항해에 나서게 되었을 때, 그 함대에 동행할 수 있도록 허락을 받은 것이다. 그는 첫 번째 항해뿐만 아니라 추가로 다른 세 번의 항해(이 중에는 이미 팸플릿 「신세계」에서 묘사한 항해도 포함되어 있다)에 대해서도 보고했다. 그는 네 번의 항해를 다음과 같이 수행했다고 밝혔다. 여기서는 연표가 매우 중요하다.

첫 번째 항해는 1497년 5월 10일부터 1498년 10월 15일까지 스페인 깃발 아래에서,

두 번째 항해는 1499년 5월 16일부터 1500년 9월 8일까

지 마찬가지로 카스티야^{Castile}의 왕을 위해서,

세 번째 항해(팸플릿 「신세계」)는 1501년 5월 10일부터 1502년 10월 15일까지 포르투갈의 깃발 아래서,

네 번째 항해는 1503년 5월 10일부터 1504년 6월 18일까지 역시 포르투갈을 위해서 다녀왔다.

이름 없는 한 명의 상인에 불과했던 그는 이 네 번의 항해를 통해 위대한 항해사이자 발견자의 대열에 들어서게 된다.

이 편지들, 즉 네 번의 항해에 대한 보고가 누구에게 보낸 것인지에 대해 첫 번째 판에서는 언급되지 않았다. 나중 판본에 와서야 이 편지가 피렌체의 총독 피에트로 소데리니$^{Pietro\ Soderini}$에게 보낸 것임이 밝혀졌다. 그러나 그 이유에 대해서는 문학적인 글이 흔히 그렇듯 많은 부분이 모호하여 오늘날까지도 완벽히 타당하다고 증명할 만한 증거가 없다. 하지만 초반부에 나오는 몇몇 정중한 미사여구를 제외하면, 그의 보고는 형식적으로 「신세계」의 경우와 마찬가지로 여유롭고 흥미진진하며 변화무쌍했다. 베스푸

치는 원주민 종족들의 '향락적인 삶'과 관련하여 여러 가지 새로운 사실들을 기록하면서도 동시에 전투나 난파 사건, 식인종이나 왕뱀에 얽힌 극적인 에피소드도 함께 들려주었다. 많은 동물들과 장비들이(예컨대 해먹 등) 그를 통해 문화사에 최초로 등장했다. 지리학자들과 천문학자들, 상인들은 소중한 정보를 얻었고 학자들은 세상에 알릴 만한 새로운 토론 주제를 얻었다. 또한 호기심에 불타던 많은 독자들도 나름대로 충분한 만족을 얻었다. 글의 끝부분에 가서 베스푸치는 이 새로운 세계를 다룬 본격적인 저서를 다시 한번 집필하겠다고 밝혔다. 언젠가 충분한 휴식을 취할 수 있는 상황이 된다면 고향에서 그 글을 마무리 짓고 싶다는 소회를 밝혔다.

그러나 그 작업은 결국 이루어지지 않았다. 아니면 어쩌면 베스푸치가 쓴 일기처럼 그 글이 우리에게 전해지지 않은 것일 수도 있다. 32쪽에 불과한 이 글(그중 세 번째 항해는 「신세계」를 약간 변형한 정도일 뿐이다)은 아메리고 베스푸치가 남긴 유일한 저작이 되었다. 불멸을 향해 나아가기 위해 꾸린 짐치고는 너무나 하찮고 가볍다고밖에 말할 수 없다.

그러므로 우리는 과장하지 않고 다음과 같이 말할 수 있을 것이다. 작가로서, 그토록 적은 분량의 글로 이렇게까지 유명해진 사람은 역사상 그 누구도 없었다고. 그가 쓴 짧은 글이 시대를 넘어 오늘날까지 전해져, 우리가 성조기와 함께 별 아래서 휘날리는 그의 이름을 기억하게 된 데에는 우연에 우연이, 오류에 오류가 겹쳐졌음이 분명하다.

첫 번째 우연이자 동시에 생겨난 첫 번째 오류는 이렇듯 별 의미가 없는 32쪽 분량의 책이 유명해지는 데 도움을 주었다. 한 영민한 이탈리아의 인쇄업자는 1504년에 이미 여행기 모음집을 내놓기 위해 항해 보고문들을 수집하면 좋겠다는 생각을 했다. 베네치아의 알베르티노 베르첼레제^{Albertino Vercellese}는 그때 구할 수 있는 모든 항해 보고문들을 모아 작은 책자로 출판했다. 카다모스토와 바스코 다 가마, 그리고 콜럼버스의 첫 번째 항해에 대한 보고를 수록한 책자가 큰 인기를 끌자, 비첸차의 한 인쇄업자는 1507년에 그보다 더 두꺼운(126쪽에 이르는) 항해 보고문 선집을 출간하기로 했다. 초르치^{Zorzo}와 몬탈보도

Montalboddo의 주도로 이 책자는 카다모스토, 바스코 다 가마, 카브랄등 포르투갈 원정대의 항해와 콜럼버스의 세 차례 항해, 그리고 베스푸치의「신세계」를 담고 있다.

숙명적이게도 그는 이 책에 '신세계와 피렌체 출신의 베스푸치가 새로 발견한 땅들'이라는 제목보다 더 나은 제목을 붙이지 못했다. 이렇게 해서 오해라는 거대한 희극은 시작된 것이다. 이 제목은 위험할 만큼 모호한 것이기 때문이다. 이 제목은 마치 이 새로운 땅에 '새로운 세계'라는 명칭을 붙인 것도 베스푸치이고, 또 그 새로운 세계를 처음 발견한 사람 역시 베스푸치인 것 같은 인상을 주었다. 이 책의 표지만 얼핏 보아도 그러한 착각에 빠지기 마련이다. 이 책은 중판에 중판을 거듭하며 수많은 사람들의 손을 거쳐 매우 위험한 속도로 베스푸치가 새로운 땅의 최초 발견자라는 허위 사실을 계속해서 퍼 날랐다. 비첸차의 아무것도 모르는 인쇄업자가 항해 보고문 선집의 표지에 콜럼버스의 이름 대신 베스푸치의 이름을 집어넣은 이 사소한 실수가 베스푸치에게 영문 모를 명성을 안겨줌으로써, 베스푸치는 그 자신도 모르게 그리고 자신의 뜻과 상관없이 남의 공적을 찬탈한 인물이 되어버린 것이다.

물론 이 사소한 실수 하나만으로는 수 세기에 걸친 엄청난 영향력을 발휘하지 못했을 것이다. 그것은 단지 오류로 가득 찬 희극의 첫 번째 막, 아니 서곡에 불과했다. 이 거짓 이야기가 마무리되기 전에, 하나의 우연 위에 또 다른 우연이 끊임없이 겹쳐졌다. 공교롭게도 베스푸치의 생애에서 유일한 문학적 업적이라 할 수 있는 이 32쪽짜리 빈약한 글에 대한 이야기가 끝나갈 무렵부터 바로 불멸을 향한 그의 비상이 시작된 것이다. 그것은 어쩌면 명성과 관련된 역사상 가장 그로테스크한 이야기일지도 모른다. 왜냐하면 세상의 건너편, 그는 한 번도 발을 들여놓은 적이 없는 곳, 다시 말해 그가 배를 타고 장사를 했던 세비야에서는 꿈에도 생각해보지 못했던 장소, 바로 프랑스의 작은 소도시 생디에$^{Saint-Dié}$에서 그와 같은 명성이 탄생하기 시작했기 때문이다.

'서쪽' 또는 '인디아 제도'라고 불리는 새로운 섬들의 지도 제바스티안 뮌스터, 1550년
스페인 국기가 서인도 지역에 게양되어 있고, 포르투갈 국기가 남대서양을 지배하고 있다.
이 지도는 인쇄된 지도 중 최초로 '태평양'을 명명한 것으로 알려져 있으며, 북아메리카와
남아메리카를 별개의 대륙이지만 연결된 형태로 표현한 가장 초기의 인쇄 지도 중 하나이
기도 하다.

한 세계가 이름을 얻다

생디에라는 작은 도시를 모른다고 해서 어느 누구도 학창 시절에 지리 과목 성적이 형편없었다고 자책할 필요는 없다. 학자들조차도 아메리카라는 이름이 붙여지는 데 결정적인 영향을 미친 '상크티 데오다티 오피둠$^{Sancti\ Deodati\ Oppidum}$'이라는 도시가 정확히 어디에 있는지 알아내기까지 거의 200년이 걸렸다. 보주 산맥의 그늘 아래 숨겨져 있고, 오래전에 사라진 로트링겐 공작령에 속해 있던 이 작은 도시는 세상의 주목을 끌 만한 특별한 요소를 전혀 가지고 있지 않았다.

당시 이 지역을 통치하던 르네 2세$^{René\ II}$는 그의 유명한 조상인 '선량왕 르네^(le bon roi René)'처럼 예루살렘과 시칠리아의 왕이자 프로방스의 영주라는 칭호를 가지고 있었지만, 실제로는 로트링겐 공작령에 딸린 작은 도시의 영주에 불과했다. 그는 학문과 예술을 장려하며 그 지역을 성실하게 다스렸다.

흥미롭게도 역사는 약간의 유사성을 좋아하는 듯하다. 이 소도시는 이미 오래전에 아메리카의 발견에 중요한 영향을 끼친 한 권의 책을 만들어 낸 바 있었다. 바로 이곳에서 다이이^(d'Ailly) 주교가 콜럼버스가 서쪽으로 향해 인도로 가는 길을 찾아내는 데 결정적인 단서를 제공했던 「세계의 모습^(Imago Mundi)」을 저술했기 때문이다. 콜럼버스 제독은 죽을 때까지 이 책을 모든 항해의 길잡이로 삼아 가지고 다녔다. 그 책의 여백에는 그가 직접 써놓은 수많은 메모들이 남아 있다. 콜럼버스 이전부터 이미 아메리카와 생디에 사이에는 특별한 관계가 존재했다. 그러나 르네 공작이 생디에를 다스리던 시기에 비로소 아메리카가 그 이름을 영원히 얻게 되는 기묘한 사건이 일어난다. 그리고 바로 그 오류 덕분에 아메리카는 자신의 이름을 얻게 된다.

작은 도시 생디에서는 영주 르네 2세의 비호 아래 인문주의자들이 일종의 학교를 세우기 위해 모여들었다. 학교의 이름은 보스기나눔 김나지움이었으며, 학문을 가르치거나 귀중한 책을 출판하여 지식을 전파하는 것이 설립의 목적이었다. 이 작은 학교에서 일반 시민들과 학자들이 협력하여 문화적인 성장을 꾀했다. 그러나 보트랭 뤼드[15] 또는 고티에 뤼$^{Gauthier\ Lud}$라는 사람이 1507년경 출판사를 차려 책을 출간할 생각을 하지 않았더라면, 사람들은 그곳에서 벌어진 학자들의 토론에 대해 아무 소식도 듣지 못했을 것이다. 이곳에 출판사를 설립한 것은 탁월한 선택이었다. 왜냐하면 이 작은 학교 덕분에 보트랭 뤼드는 발행인, 번역자, 교정자 그리고 삽화가 등 적임자들을 쉽게 구할 수 있었기 때문이다. 게다가 슈트라스부르크는 그리 멀지 않은 곳에 있었고 그곳에는 대학과 훌륭한 조력자들이 있었다. 또한 후원자로서 성원을 아끼지 않는 영주 덕분에 세

---

1 5 보트랭 뤼드(Vautrin Lud, 1448~1527)는 프랑스 로렌 지역의 인쇄업자이자 인문주의자로, 아메리카라는 지명을 최초로 사용한 세계지도를 제작한 마르틴 발트제뮐러의 지도 제작과 출판을 지원하였다. 그 공로를 기려 그의 고향에서는 매년 지리학의 노벨상이라고 불리는 '보트랭 뤼드 상'을 수여하는 축제가 개최되고 있다.

상과 멀리 떨어진 이 한적한 소도시에서도 마음만 먹으면 큰 규모의 책을 인쇄할 수 있었다.

그렇다면 어떤 책을 펴내야 할까? 당시에는 새로운 발견이 세상에 대한 견문을 계속해서 넓혀주고 있었기 때문에 시대의 호기심은 지리학에 쏠려 있었다. 그때까지 지리학 분야에는 오직 하나의 고전적인 저술만이 존재했을 뿐이었다. 그것은 바로 프톨레마이오스의 『지리학』이었다. 이 책은 수백 년 동안 유럽의 학자들에게 감히 견줄 만한 책이 없는 최고의 명저로 꼽혔다. 1475년에는 라틴어로 번역되면서 지리학의 보편적인 기준서이자 필수 불가결한 서적으로 자리 잡았다. 프톨레마이오스가 서술하거나 지도에 그려놓은 것은 그의 이름이 가진 권위만으로도 이미 진실로 간주되었다.

그러나 25년 동안 세계에 대한 지식은 과거 수백 년 동안 이루어진 것과는 비교할 수 없을 정도로 확장되었다. 그리하여 지난 수천 년 동안 프톨레마이오스의 저서는 몇몇 용감한 항해사나 모험가들에게 추월당하는 처지가 되었다. 이제 프톨레마이오스의 『지리학』을 새로 펴내려는 사람이라면 몇 가지 부분을 수정하고 보충할 필요가 있었다. 서쪽에서 새로 발견된 해안과 섬들을 옛 지도에 새로 그려 넣어야 했다. 프톨레마이오스가 '지혜의 화신'으로, 그의 저작이 반박할 수 없는 '권위'로 남기 위해서는 경험이 전통을 바로잡아야 했다. 고전적 저작에 대한 경외심을 겸손히 수정함으로써 새로운 신뢰를 부여해야 했다. 보트랭 뤼드 이전까지 그 불완전한 책을 다시 완벽하게 만들겠다는 생각을 한 사람은 아무도 없었다. 그것은 책임이 따르는 일이지만 동시에 희망을 품을 수 있는 과제여서, 공동의 작업을 위해 한자리에 모인 사람들에게 걸맞은 과업이었다.

평범한 인쇄업자이자 동시에 영주의 비서이며 성직자이기도 했던 보트랭 뤼드는 교양이 풍부하고 능력 있는 사람이었다. 그는 얼마 되지 않는 사람들의 모든 면면을 살펴보며, 이보다 더 뛰어난 조합은 없다고 고백하지 않을 수 없었다. 특히 지도 제작과 동판화를 만드는 데 뛰어난 젊은 수학자이자 지리학자인 마르틴 발트제뮐러[16]가 있었다. 그는 당시 관례에 따라 학술 서적에서 '휠라코밀루스 Hylacomylus'라는 그리스식 이름을 사용했다. 프라이부르크 대학교의 학생이었던 그는 젊음의 열정과 대담함에 더해 훌륭한 지식과 탁월한 제도 실력을 갖추고 있었다. 덕분에 그의 지도들은 향후 수십 년 동안 지도 제작사에서 타의 추종을 불허하는 평가를 받게 되었다. 또한 그곳에는 필레지우스라는 필명을 가진 젊은 시인 마티아스 링만Mathias Ringmann이 있었다. 그는 작품의 서두를 시적인 서한으로 장식하고, 라틴어 텍스트를 맛깔나게 다듬는데 더없이 적합한 인물이었다. 올바른 번역자 역시 빠지지 않았다. 바로 장 바쟁Jean Basin이다. 진정한 인문주의자였던 그는 고대의 언어뿐만 아니라 현대 언어에도 조예가 깊었다.

이같은 학자들의 협력 아래 차분하게 프톨레마이오스의

---

16 마르틴 발트제뮐러(Martin Waldseemüller, 1475~1522)는 독일의 지리학자로, 1507년에 북미, 남미를 세계 지도에 최초로 그려넣었다. 최초로 아메리카라는 지명을 사용했다. 그 전까지는 프톨레마이오스의 영향을 받아 세계를 유럽, 아시아, 아프리카의 세 부분으로 파악해왔으나 네 번째 대륙을 포함시킴으로써 유럽의 종래의 세계관에서 탈피하게 되었다. 발트제뮐러의 세계 지도는 지리학, 지도 제작 역사에서 그 중요성이 인정되어 2005년 유네스코 세계 기록 유산에 등재되었다.

저서를 개정하는 작업이 가능했다. 그러나 새로 발견된 지역을 서술할 근거는 어디에서 찾아야 하는 것인가? 베스푸티우스가 '신세계'에 대해 최초로 언급하지 않았던가? 링만은 이미 1505년에 슈트라스부르크에서 「신세계」를 「남쪽 지방을 향해$^{De\ Ora\ Antarctica}$」라는 제목으로 출간했다. 그는 독일에는 아직 알려지지 않았던 이탈리아어로 쓰인 「서한들^{Lettera}」을 라틴어로 번역하여 프톨레마이오스 저작의 앞부분에 덧붙여 자연스럽게 보완하자는 의견을 제시했다.

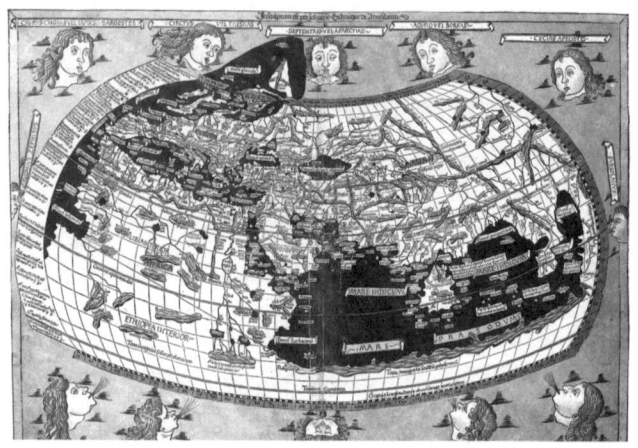

1467년 독일의 지도학자 니콜라우스 게르마누스가 그린 프톨레마이오스의 세계지도
오른쪽 위에 아시아, 그 아래에는 인도, 왼쪽 위에 유럽, 왼쪽 아래에 아프리카가 그려져 있다.

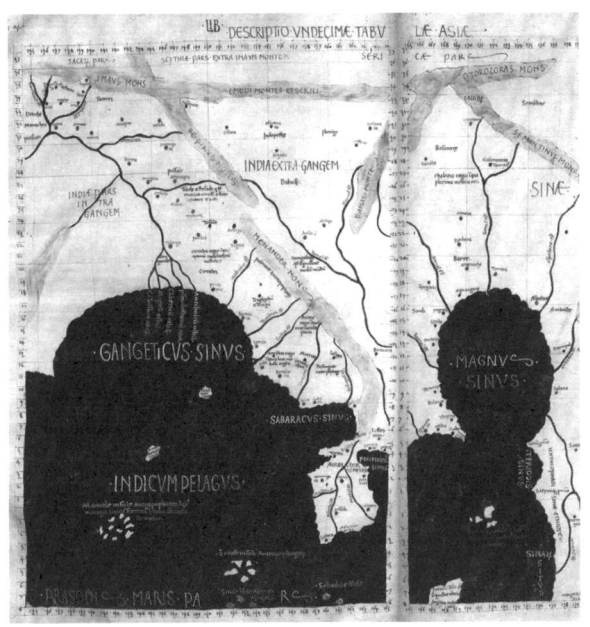

프톨레마이오스의 세계지도 중 동아시아와 동남아시아 일대의 세부도 왼쪽은 갠지스강이 흘러드는 벵골만, 중앙은 인도차이나 반도, 오른쪽은 남중국해와 '시나이'(중국)이다.

이 자체로는 진실되고 충분히 칭찬받을 만한 시도였다. 그러나 이후 편집자들의 허영심이 베스푸치를 곤경에 빠뜨렸고, 그렇게 해서 무고한 그에게 훗날 사람들이 올가미를 씌우게 될 두 번째 매듭이 얽히게 된다. 출판업자들은 있는 그대로의 사실을 전하지 않았다. 베스푸치가 네 번에 걸쳐 작성한 항해보고서들을 피렌체에서 출간된 그대로 단순히 번역하는 것만으로는 만족하지 않았다.

생디에의 인문주의자들은 출판물이 더 많은 관심을 얻을 수 있도록 후원자인 공작 르네를 세상 앞에 높이 기리기 위해 낭만적인 이야기를 꾸며냈다. 그들은 독자들을 속이기 위해 유명한 지리학자이자 신대륙 발견자인 아메리고 베스푸치가 마치 자신들의 영주와 친밀한 친구이며 그를 숭배하는 사람인 양 꾸며냈다. 「서한들」은 베스푸치가 직접 로트링겐의 영주에게 보낸 것이며, 이번에 출간되는 것이 그의 서한들이 세상에 처음으로 공개되는 것이라고 했다. 그들의 공작에게는 얼마나 극진한 찬사인가! 당대의 위대한 학자로 널리 알려진 베스푸치는 이렇게 해서 스페인 왕뿐만 아니라 작은 공국의 군주에게도 자신의 항해에 대한 보고를 올리게 된 셈이다. 이 경건한 허구를 유지하기 위해 이탈리아의 '위대하신 분^{Magnificenza}' 앞으로 쓰인 헌사는 '가장 고귀한 레나투스 왕 폐하$^{illustrissimus\ rex\ Renatus}$'(르네 2세)께 바치는 것으로 바뀌었다. 그리고 이번 판본이 기존의 이탈리아어 원본을 단순히 번역한 것이라는 흔적을 철저히 숨기기 위해 다음과 같은 메모가 덧붙여졌다. 베스푸치가 이 저술을 프랑스어로 작성했고, '훌륭한 시인'인 장 바쟁이 프랑스어에서 우아한 라틴어로 번역했다는 것이다.

그러나 조금만 자세히 들여다본다면 그들의 야심찬 속임수는 금세 드러난다. 왜냐하면 그 '저명한 시인'은 너무 서둘러 작업한 탓에 편지의 원본이 이탈리아어였음을 나타내는 흔적을 모두 지워내지 못했기 때문이다. 그는 베스푸치가 로트링겐의 공국의 공작에게 보낸 편지에 메디치 가문이나 소데리니 가문에게나 보낼만한 내용을 적어놓았다. 예컨대, 르네 2세와 베스푸치가 함께 피렌체에서 베스푸치의 삼촌인 안토니오 베스푸치$^{Antonio\ Vespucci}$에게 학문을 배웠다고 했다. 또는 베스푸치가 단테를 '우리의 시인$^{poeta\ nostro}$'이라고 부르는 둥, 이탈리아인끼리의 대화에서나 적합할 표현을 사용하기도 했다. 이러한 사기와 베스푸치 자신은 무관했지만, 진실이 밝혀지기 위해서는 수백 년이라는 시간이 흘러야 했다. 심지어 아주 최근까지도 수백 권의 책에서 이 네 번의 항해보고서의 수신자가 로트링겐의 공작이라고 설명했다. 베스푸치의 영예와 오명은 보주의 한구석에서 그가 전혀 모르는 사이에 인쇄된 이 책 위에 쌓아 올려지고 있었다.

하지만 이 모든 것은 당시의 사람들에게는 알려지지 않은 뒷이야기이며, 일종의 장사 전략이었다. 서적상들과 학자들, 영주들과 상인들은 단지 1507년 4월 25일의 도서 박람회에서 52쪽짜리 책을 발견하게 되었을 뿐이다. 이 책에는 다음과 같은 라틴어 제목이 붙어 있었다: '『지리학 입문』 - 지리학과 천문학의 기본 원리 및 아메리고 베스푸치의 네 차례의 항해기록. 프톨레마이오스는 몰랐던 최근에 발견된 모든 지역을 포함한 전 세계 지도 첨부.'

이 작은 책자를 펼친 사람들은 우선 편찬자들의 시적 재능을 과시하려는 허영심을 견뎌야 했다. 첫머리에는 마티아스 링만이 막시밀리안 황제에게 바친 짧은 라틴어 헌정시와 황제에게 책을 헌정하는 발트제밀러-휠라코밀루스의 서문이 자리했다. 두 인문주의자가 마음껏 자신의 허영심을 드러낸 뒤에야 비로소 프톨레마이오스의 학술적인 글이 등장했고, 그 다음에 짧은 예고의 글 뒤로 베스푸치의 네 차례 항해 기록 내용이 이어졌다.

생디에에서 이 책이 출간되자 아메리고 베스푸치의 명

성은 다시금 엄청나게 치솟았다. 물론 아직 정점에 도달한 것은 아니지만 말이다. 이탈리아 선집『새로 발견된 땅들Paesi nuovamente retrovat』에서는 그의 이름이 아직 다소 모호한 형태로, '신세계'의 발견자로서 표지에 등장하였고 본문에는 그의 항해가 콜럼버스 그리고 다른 항해자들의 것과 나란히 소개되었다. 그러나『세계지리 입문Cosmographiae Introductio』에서는 콜럼버스의 이름이 더 이상 언급되지 않는다. 이는 아마도 보주 인문주의자들의 무지에 의한 우연이겠지만, 치명적인 우연이었다. 왜냐하면 이로 인해 모든 조명, 모든 발견의 공로가 베스푸치에게, 오직 베스푸치에게만 환하게 비추어지게 되었기 때문이다.

두 번째 장에서는 프톨레마이오스도 이미 알고 있었던 세계를 언급하며 다음과 같이 기록되어 있었다. 다른 사람들이 세계를 더 넓힌 것은 사실이지만, 사람들에게 이를 처음으로 명확히 인식시켜 준 인물은 아메리코 베스푸티오Americo Vesputio였다고 말이다. 다섯 번째 장에서는 그가 새로운 지역의 발견자라고 확실히 공인된다. 그리고 일곱 번째 장에 이르러 갑자기 앞으로 수백 년 동안 결정적인 영향을 미칠 제안이 등장한다. 발트제뮐러는 지구의 네 번째 대륙을 언급하면서 자신의 개인적 제안을 덧붙인다. "이 대륙을 발견한 사람이 아메리쿠스^{Americus}이므로, 이제부터는 그 땅을 아메리쿠스의 땅$^{Earth\ of\ Americus}$ 또는 아메리카^{America}라고 불러도 무방할 것 같다." 이 세 줄의 글이 사실상 '아메리카'라는 이름의 출생 신고서나 다름없었다. 소책자의 종이 위에서 처음으로 그 이름이 활자화되어 인쇄되었다. 만약 콜럼버스가 산타마리아$^{Santa\ Maria}$ 호의 갑판 위에서 과나하니 해안이 멀리 반짝이는 것을 보았던 1492년 10월 12일을 신대륙의 생일이라고 부른다면, 이 『지리학 입문』이 출판사를 떠난 1507년 4월 25일을 우리는 신대륙의 세례 일이라고 불러야 할 것이다. 이름조차 알려지지 않았던 27세의 인문주의자가 세상에서 멀리 떨어진 어느 소도시에서 내뱉은 이 말은 그저 작은 제안에 불과했다. 그는 자신의 제안이 가진 매력에 도취되어 그것을 다시 한번 더욱 절실한 어조로 되풀이한다. 아홉 번째 장에서 발트제뮐러는 한 단락 전체를 할애하여 자신의 제안을 부연 설명한다.

"오늘날 지구의 세 부분 유럽, 아프리카, 아시아는 이미 완전히 탐구되었고, 아메리고 베스푸치가 네 번째 대륙을 발견하였다. 유럽과 아시아도 여자 이름이기 때문에 내가 보기에 이 부분을 총명한 사람 아메리고가 발견한 아메리고의 땅, 아메리카라고 부른다고 해서 반대할 이유는 없다."[17]

동시에 발트제뮐러는 '아메리카'라는 단어를 단락의 여백에도 인쇄했고, 이 책에 첨부된 세계 지도에도 적어 넣었다. 그 순간 이후로 유한한 존재였던 아메리고 베스푸치는 자신도 모르는 사이에 머리 위에 불멸의 후광을 쓰게 된 것이다. 아메리카라는 땅은 이때부터 아메리카라고 불리게 되었고, 영원히 그렇게 불릴 운명을 맞았다.

---

[17] 라틴어로 대륙의 명칭은 전통적으로 여성명사였으며(Europa, Asia) 아메리카도 이 전통에 따라 끝에 '-a'를 붙여 여성형으로 명명되었다.

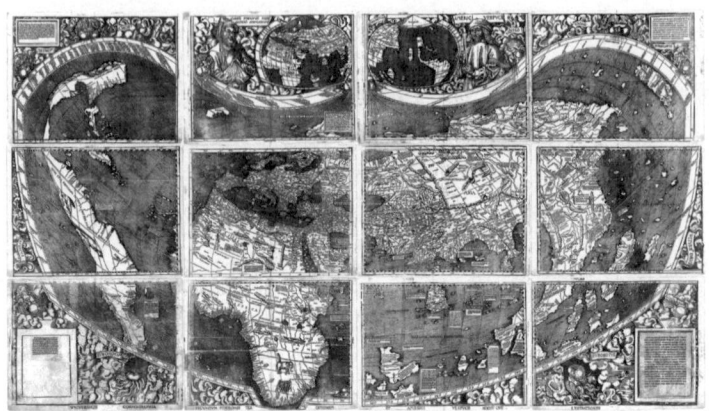

마르틴 발트제뮐러의 세계지도 1507년
아시아와 분리된 아메리카 대륙을 처음으로 보여준 지도이다.

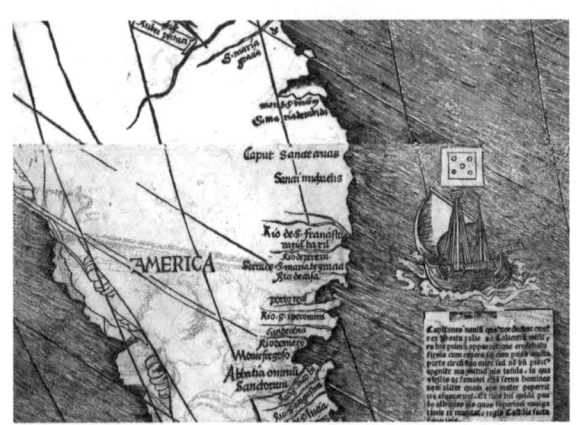

마르틴 발트제뮐러의 세계지도 중 왼쪽 아래 부분을 확대한 것이다.
'AMERICA'가 표기되어 있다.

이 이야기를 읽어내려가는 독자들은 터무니없다며 비웃을지도 모른다. 어떻게 27살의 시골 지리학자가 아메리카를 실제로 발견한 적도 없으며 고작 32쪽짜리 의심스러운 보고서를 작성한 인물의 이름을 따서 거대한 대륙에 이름을 붙일 수 있었단 말인가? 하지만 이러한 의심의 눈초리는 시대착오적인 것이다. 그러한 회의를 느끼는 사람은 역사적 상황을 고려하지 않은 채 순전히 오늘날 우리의 시각에서 생각하고 있는 것이다.

오늘날 우리는 '아메리카'라는 단어를 발음하는 순간 본능적으로 알래스카에서 파타고니아에 이르는 엄청난 크기의 대륙을 떠올리는 오류를 범한다. 그러나 1507년 당시, 새로 발견된 '신세계'가 그 정도까지 넓어질 것이라고는 용감한 발트제밀러도, 그 누구도 상상조차 할 수 없었다. 16세기 초에 제작된 지도를 살펴보면 당시 지리학이 '신세계'라는 말로 대체 무엇을 표현하고 싶었는지 쉽게 알 수 있다. 그 지도를 보면 대양의 검은 수프 한가운데에 몇 개의 볼품없는 빵 조각 같은 땅들이 둥둥 떠다니고 있고, 탐험가들의 호기심에 의해 가장자리만 조금씩 갉아 먹혀

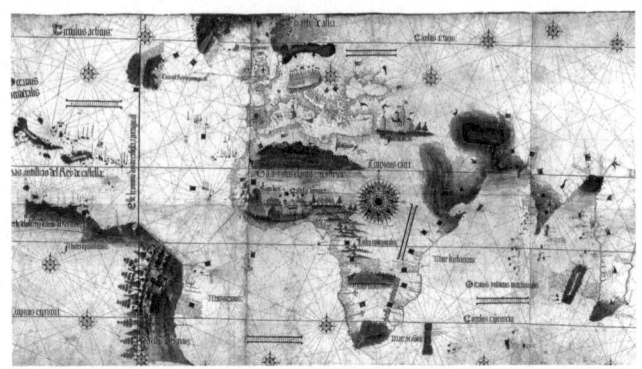

포르투갈 왕실이 대항해시대에 비밀리에 제작 및 관리했던 세계지도(Padrão Real)
1502년 제작, 왼쪽에 여태까지 알려진 '신세계'들이 섬처럼 그려져 있다.

캐벗과 코르테레알Cortereal이 상륙한 손바닥만 한 북아메리카는 아직 아시아와 붙어 있어서 당시 사람들의 생각으로는 보스턴에서 베이징까지는 몇 시간밖에 걸리지 않을 것처럼 보였다. 플로리다는 쿠바와 아이티 옆의 커다란 섬으로 묘사되어 있고, 북아메리카와 남아메리카를 연결하는 파나마 지협 자리에 넓은 바다가 넘실거리고 있다. 남쪽에는 지금의 브라질인 이제 막 발견된 미지의 땅이 마치 오스트레일리아처럼 크고 둥근 섬으로 지도에 표시되어 있다. 그 섬은 지도상에서 '성스러운 십자가의 땅Terra Sancta

Crucis'¹⁸, '신세계Mundus Novus', 또는 '앵무새들의 땅Terra dos Papagaios'이라는 이름으로 불리고 있었다. 모두 새롭게 발견된 땅에 붙이기에는 불편하고 어울리지 않는 이름들이었다. 따라서 베스푸치가 그 해안들을 최초로 발견한 것은 아니었지만(발트제뮐러는 이 사실을 알지 못했다) 그가 최초로 그 해안들에 관해 서술하고 유럽에 널리 알렸기 때문에, 발트제뮐러가 아메리고의 이름을 따르자고 제안한 것은 당시의 일반적인 관습에 부합하는 일이었다. 실제로 버뮤다Bermuda는 후안 베르무데스Juan Bermudez의 이름에서, 태즈메이니아Tasmania는 타스만Tasman에서, 페르난도 포Fernando Po는 페르난도 포의 이름에서 따온 것이다. 그렇다면 새롭게 발견된 이 대륙의 이름도 최초로 세상에 알린 사람의 이름을 따서 붙이지 말라는 법이 있겠는가?

새로 발견된 이 땅이 아시아에 속한 것이 아니라 '세계의 네 번째 부분', 즉 새로운 대륙이라고 주장한 학자에게

---

18 당시 포르투갈 탐험가들은 브라질이 남미 대륙 일부가 아니라 섬이라고 생각하여 '베라크루즈 (진정한 십자가) 섬'이라고 이름 붙였다. 이후 마누엘 1세 시대에 '산타크루스(성스러운 십자가)의 땅'으로 개명하였다.

(이것이야말로 베스푸치의 역사적 공로이다) 감사의 뜻을 전한 하나의 호의적인 제스처일 뿐이었다. 그런데 선의로 이루어진 명명 행위를 통해 발트제뮐러는 베스푸치에게 단지 '성스러운 십자가의 땅'이라는 섬나라가 아니라, 래브라도에서부터 파타고니아에 이르는 전체 대륙을 넘겨주는 셈이 되었다. 그 결과 콜럼버스는 자신의 소유물을 도둑맞는 셈이 되었다. 하지만 이 사실을 선량한 발트제뮐러는 전혀 알지 못했다. 콜럼버스 자신도 진실을 알지 못하고 쿠바는 중국의 일부이며 아이티는 일본에 속한다고 흥분하여 주장했던 마당에 발트제뮐러가 이를 어떻게 미리 알 수 있었겠는가? 새로운 오류라는 또 하나의 실 가닥이 이미 복잡하게 뒤엉킨 역사적 실뭉치 속에 엮이게 되었다. 베스푸치 문제를 다룬 사람이라면 누구나, 그것이 선의에서 비롯된 것이라 할지라도 결국은 항상 새로운 매듭만을 얽어 넣으며 문제를 더 복잡하게 만들었다.

아메리카가 아메리카라 불리게 된 것은 순전히 오해와 우연이 겹쳐진 덕분이다. '훌륭한 시인' 장 바쟁이 라틴어로 옮기는 과정에서 당대의 관습대로 아메리고라는 이름을 아메리쿠스가 아닌 알베리쿠스로 표기했더라면, 오늘날 뉴욕과 워싱턴은 아메리카가 아닌 알베리카^{Alberica}에 존재하게 되었을 것이기 때문이다. 그러나 이제 그 이름은 생전 처음으로 명문화되었고, 그 일곱 글자 'America'는 영원히 하나의 단어를 이루어 이 책에서 저 책으로, 이 입에서 저 입으로, 사람들의 머릿속에서 잊히지 않고 계속해서 전해지게 되었다. 그리고 그것은 단순히 발트제뮐러의 우연한 제안이나 논리, 비논리 또는 옳고, 그름의 덕분만도 아닌, 바로 그 단어 자체에 깃들여진 음향적 힘 덕분이었다. 아메리카, 이 단어는 우리의 언어에서 가장 낭랑한 모음을 우아하게 교차시키며 흘러간다. 이 단어는 열광적인 외침에 잘 어울리고, 기억 속에 깊고 뚜렷하게 각인되는 힘찬 낱말이다. 새로운 땅위에서 끊임없이 노력하는 강인한 국민에게 더 없이 어울리는 이름이다. 젊은 지리학자는 어둠 속에서 떠오르는 이 새로운 세계에 아시아, 유럽, 아프리카와 어깨를 나란히 할 수 있는 이름을 붙여준 셈이었다.

이 단어는 정복의 단어다. 이 이름은 그 자체로 엄청난 힘을 지니고있어 다른 모든 명칭들을 거침없이 밀어내 버렸다. 『지리학 입문』이 출간된 지 불과 몇 년 만에, '앵무새들의 땅', '성스러운 십자가의 섬$^{\text{Isla de Santa Cruz}}$', '브라질^{Brazzil}', '서인도제도$^{\text{Indias Occidentales}}$'와 같은 이름들을 책과 세계지도에서 완전히 지워버렸다. 정말이지, 이 단어는 정복의 단어였다. 해를 거듭할수록 이 단어는 더 많은 것을 차지하고 빼앗아갔다. 선량한 마르틴 발트제뮐러가 상상했던 것보다 수천 배, 수십만 배 더 많은 것들을 말이다.

1507년 당시만 해도 '아메리카'라는 이름은 고작 브라질의 북부 해안 지역을 지칭했으며, 아르헨티나가 있는 남부 지역은 아직도 '브라질리아 인페리오'라고 불렸다. 만약 발트제뮐러가 의도한 대로 베스푸치가 맨 처음 기술한 해안 지역 혹은 브라질 전체에만 아메리고의 이름을 붙였다면 어느 누구도 그에게 실수의 책임을 묻지 않았을 것이다. 그러나 불과 몇 년 만에 아메리카라는 이름은 브라질 해안 전체와 아르헨티나, 칠레까지 점령해 버렸다. 베스푸치가 발을 딛기는커녕 눈으로 보지도 못한 땅들까지도 말이다. 오른쪽이든 왼쪽이든, 위든 아래든, 적도 남쪽이든 북쪽이든, 새롭게 발견된 모든 지역은 베스푸치의 이름을 가진 땅으로 바뀌어갔다.

마침내 발트제뮐러의 책이 출간된 지 약 15년이 지난 즈음엔 남아메리카 전체가 이미 아메리카라고 불리게 되었다. 지도 제작자들은 생디에에 살던 젊은 교사의 결정 앞에 항복을 선언했다. 시몬 그뤼네우스Simon Grynaeus는 그의 저술 『새로운 세계Orbis Novus』에서, 제바스티안 뮌스터Sebastian Münster는 그의 세계 지도에서 이를 받아들였다. 그러나 오류가 빚어낸 웅장한 희극은 좀처럼 끝날 줄을 몰랐다.

지도상에서 북아메리카는 여전히 남아메리카와는 별개의 세계로 존재했다. 당시 사람들의 완고한 믿음에 따라 어떤 사람들은 아시아의 일부라고 믿었고, 어떤 사람들은 상상 속의 해협으로 아메리고의 대륙과 분리되어 있을 것이라 믿었다. 그러나 마침내 사람들은 이 대륙이 북쪽 빙해에서 남쪽 빙해까지 이어진 하나의 거대한 땅임을 과학적인 방법을 통해 확인하였고, 이 대륙에는 단 하나의 이름이 붙여져야 한다는 것을 깨닫게 되었다. 바로 그 순간, 오류와 진실 사이에서 탄생한 이 무적의 단어가 그 불멸의 전리품을 차지하기 위해 힘차게 일어섰다. 이미 1515년에

뉘른베르크의 지리학자 요하네스 쉐너Johann Schöner는 자신이 제작한 지구의에 덧붙인 글에서 '아메리카America 또는 아메리겜Amerigem'을 신세계인 네 번째 대륙으로 공언했다.

그리고 1538년에는 지도 제작자의 왕이라고 할 수 있는 메르카토르가[19] 오늘날 우리가 알고 있는 형태로 이 대륙 전체를 하나로 연결하여 위쪽에는 'AME'를 아래쪽에는 'RICA'를 적어 넣었다. 그 후로는 다른 어떤 이름도 통용되지 않았다. 이보다 더 권위 있는 이름은 없었다. 단 30년 만에, 베스푸치는 지구의 네 번째 대륙을 자신의 이름과 명예를 걸고 정복해버린 것이다.

이는 본인의 승인이나 동의 없이 이루어진, 세속적 명성의 역사에서 유례없는 사건이었다. '문두스 노부스', 즉 '새로운 세계'라는 두 마디 말로 한 남자가 자신의 이름을 역사에 각인시켰으며, 한 젊은 지리학자의 짧은 글로 영원히

---

19 게라르두스 메르카토르(Gerardus Mercator, 1512~1594)는 네덜란드 출신의 지리학자로, 그가 고안한 '메르카토르 도법'은 오늘날에도 세계지도 제작에 널리 사용되고 있다.

잊혀지지 않을 명성을 얻었다. 우연과 오류가 이처럼 대담한 희극을 성취한 경우는 일찍이 없었다. 하지만 웅장한 비극과 유쾌한 희극을 모두 창조할 줄 아는 역사는 이 오류의 희극에 특이하고도 미묘한, 극적인 전환의 순간을 마련해두었다. 발트제뮐러의 제안은 공개되자마자 열렬한 환영을 받았다. 그의 책은 날개 돋친 듯 팔렸고, 모든 새로운 지리학 서적들은 아메리고 베스푸치의 이름에서 비롯된 이 명칭을 따라 '아메리카'라는 이름을 그대로 받아들였다.

이 이름을 가장 열심히 따랐던 사람들은 지도 제작자들이었다. 곧 아메리카라는 이름은 모든 지구의와 모든 판화 그리고 모든 책과 모든 지도에 등장했다. 그러나 단 하나의 지도만이 예외였다. 그것은 아메리카라는 이름이 처음 등장한 발트제뮐러의 지도가 나온 지 불과 6년 뒤인 1513년에 출간된 지도였다.

그렇다면 이 새로운 이름 사용을 거부한 고집스러운 지도 제작자는 누구였을까? 놀랍게도 그는 바로 그 이름을 처음 제안했던 발트제뮐러 자신이었다. 그는 괴테의 시에 등장하는 마술사의 제자처럼, 마른 빗자루에 생명을 불어

넣었다가 자신이 불러낸 존재를 잠재울 마법의 주문을 알지 못해 두려움에 떨고 있었던 것일까? 그는 누군가의 지적을 받고 콜럼버스에게 부당한 일을 저질렀다는 것을 깨달은 것일까? 우리는 그 이유를 알 수가 없다. 발트제뮐러가 왜 자신의 손으로 붙인 '아메리카'라는 이름을 다시 없애려 했는지, 앞으로도 결코 알 수 없을 것이다. 그러나 수정하기에는 이미 너무 늦었다. 진실이 한 번 전설을 만들어 놓으면 그것을 다시 거두어들이는 일은 거의 없다. 말이란 세상에 한 번 퍼져나가면 자신만의 힘을 얻어, 그것을 창조한 사람의 의지와는 무관하게 자유롭고 독립적으로 존재를 이어가기 마련이다. 최초로 '아메리카'라는 말을 입에 올렸던 젊은 지리학자는 후회하며 그 말을 거둬들이려 했으나, 이미 헛된 일이었다. 그 말은 이미 허공을 가르며 책과 책 사이, 활자와 활자 사이, 입과 입 사이를 넘나들며 시간과 공간을 넘어 불멸의 존재가 되어 끊임없이 퍼져나갔다. 그것은 현실이자 동시에 하나의 이념이 되었다.

아메리고 베스푸치 조각상 이탈리아 피렌체 우피치 미술관

위대한 논쟁이 시작되다

~

1512년, 세비야^{Seville}의 한 교회에서 몇몇 사람들만이 동행한 가운데 관 하나가 공동묘지로 옮겨졌다. 눈에 띄거나 호사스러운 장례식은 아니었다. 부자도 귀족도 아닌 왕의 전직 시종이자 수석 항해사였던 한 남자가 영면에 들었다. 그의 이름은 데스푸취^{Despuchy}인가 베스푸체^{Vespuche}인가였다.

이 낯선 도시에서는 누구도 그가 지구의 네 번째 대륙에 자신의 이름을 남기게 될 인물이라는 사실을 알지 못했다. 이 평범한 죽음에 대해 기록한 역사가는 아무도 없었다.

그로부터 30년이 지난 후에야 우리는 역사책에서 아메리고 베스푸치가 1534년에 아조레스^{Azores} 제도에서 죽었다는 기록을 발견하게 된다. 아메리카라는 이름의 대부는 사람들의 무관심 속에 조용히 세상을 떠났다. 신대륙의 대제독 크리스토퍼 콜럼버스가 1506년 바야돌리드^{Valladolid}에서 세상을 떠났을 때에도 상황은 마찬가지였다. 왕은커녕 공작 한 명도 그의 관을 따르지 않았다. 역사가들은 그의 죽음 역시 세상에 알릴 만한 중대한 일이라 여기지 않았다.

세비야와 바야돌리드에는 이렇게 두 개의 적막한 무덤이 있다. 그들은 평생 동안 자주 왕래했지만 서로를 피하거나 증오한 적은 없었다. 창조적이고 호기심 어린 정신을 지녔으며, 서로의 길을 가면서 진심으로 돕고 존중했던 두 사람이었다. 그러나 이 두 사람의 무덤 위에서는 이제 처절한 논쟁이 시작되었다. 사람들의 탐구심과 자기주장이 옳다는 개인적 자존심이 이 두 위대한 항해자 사이에 생전에는 존재하지 않았던 경쟁 관계를 계속해서 부추겼다. 하지만 그들의 무덤 위를 알 수 없는 말로 중얼거리며 지나가는 바람 소리와 같이 두 사람은 이런 싸움과 소란을 듣지 못할 것이다.

명성을 둘러싼 기묘한 싸움에서 먼저 패배를 경험한 것은 콜럼버스였다. 그는 패배자, 굴욕을 당한 자, 반쯤 잊힌 사람으로 죽음을 맞았다. 탐험가라는 유일한 목표와 신념을 가졌던 이 사람은 이념이 행동으로 실현된 순간, 산타마리아호가 과나하니 해안에 상륙하던 바로 그 순간 불멸의 영광을 경험했다. 그때까지 접근이 불가능하다고 여겨졌던 대서양을 처음으로 횡단한 사람이 되었기 때문이었다. 여태껏 세상 사람들은 위대한 제노바인 콜럼버스를 바보, 공상가, 정신 나간 몽상가로 여겼다. 그는 자신의 환상적인 광기에서 결코 벗어나지 못했다. 그가 이 세상에서 가장 풍요로운 왕국에 도착했다고 처음으로 소식을 알렸을 때만 해도, 그리고 자신이 발견한 '인도'에서 황금과 진주와 향료를 가득 가져오겠다고 약속했을 때만 해도 사람들은 그를 믿었다. 강력한 함대가 조직되었고, 1500명이나 되는 사람들이 콜럼버스가 보았다고 주장하는 오빌[20]과

---

[20] 오빌은 구약성서에서 솔로몬 왕이 금, 은, 상아, 원숭이, 공작 등을 들여왔다고 전해지는 전설적인 황금의 땅이다.

엘도라도[21]를 찾는 항해에 참여하려고 너도나도 줄을 섰다. 심지어 여왕은 중국의 '위대한 칸'에게 전달하라며 비단으로 감싼 친서를 건넸다.

그러나 위대한 항해에서 콜럼버스가 돌아오면서 가져온 것은 신앙심 깊은 여왕이 팔지 말라고 엄격히 명령했던 수백 명의 노예뿐이었다. 굶주림으로 반쯤 죽어 가는 노예들과 함께 그는 다시금 중국과 일본에 당도했었다는 낡은 환상만을 가지고 돌아왔다. 그의 환상은 더욱 혼란스럽고 비현실적인 것이 되어갔다. 그는 자신의 부하들을 모아놓고, 말을 듣지 않으면 백 대의 매질을 가하겠다고 위협하며 공증인 앞에서 쿠바는 섬이 아니라 중국 본토라고 맹세하도록 강요했다. 힘이 없는 선원들은 그의 이상한 주장에 어깨만 으쓱할 뿐 진지하게 받아들이지 않고 서명을 했다. 그러나 그들 중 한 명인 후안 데 라 코사 Juan de la Cosa는 이런 강요된 맹세를 무시하고 태연하게 쿠바를 섬으로 자기 지도에 그려 놓았다. 콜럼버스는 굴하지 않고 여왕에게 다시 편지를 써서 이렇게 주장했다.

21 엘도라도는 남미에 존재한다고 믿었던 황금이 넘쳐난다는 황금향에 대한 전설이다. 대항해 시대 당시 많은 정복자가 엘도라도를 찾으려고 했으나 모두 실패했다.

"운하 하나만 건너면 말라카반도에 도착할 수 있습니다. 파나마에서 갠지스강까지는 피사에서 제노바까지 가는 것보다 가깝습니다."

그의 무모한 약속에 실소를 보냈던 궁정 사람들은 차츰 화가 나기 시작했다. 원정 비용은 막대했지만, 그들이 가져온 것은 약속했던 황금이나 향료가 아니라 굶주림으로 죽기 일보 직전인 노예들과 매독뿐이었기 때문이다. 황실이 그에게 통치를 맡긴 섬들은 끔찍한 도살장과 시체가 가득한 황폐한 벌판이 되었다. 아이티섬에서는 10년 동안에 백만 명에 가까운 원주민이 학살과 질병으로 몰살당해야 했고 이주민들은 빈곤에 시달리다가 반란을 일으켰다. 비인간적인 만행에 관한 끔찍한 소식이 '지상의 낙원'이라던 곳에서 도망쳐 나온 이주민들을 통해 퍼져나갔다.[22]

스페인에서는 곧 이 몽상가가 꿈을 꾸기만 할 뿐 다스릴 줄 모른다는 사실을 깨닫게 되었다. 새로 파견한 총독 보

---

[22] 콜럼버스는 자신이 발견한 땅을 중국으로 착각했고, 금광이나 향신료를 찾지 못하자 히스파니올라 섬(현 아이티와 도미니카공화국)에서 식민 통치를 하며 원주민 인구의 전멸과 고문, 처형 등 심각한 인권 유린을 초래했다. 콜럼버스는 아메리카 원주민의 입장에서는 침략자, 학살자였기 때문에 오늘날 그에 대한 평가는 극명하게 엇갈리고 있다.

바딜라Bobadilla가 도착하여 가장 먼저 본 것은 배 위에 설치된 교수대와 그곳에 매달려 바람에 휘날리는 동향 사람들의 시신이었다. 결국 사람들은 콜럼버스의 세 형제를 쇠사슬에 묶어 본국으로 소환했다. 이후 사람들은 콜럼버스에게 자유와 명예, 그리고 지위를 되돌려 주었지만 스페인에서 그의 명성은 이미 완전히 사라진 뒤였다.

고향으로 돌아왔을 때 그의 배는 더 이상 열렬한 기대와 환영을 받지 못했다. 그가 궁정에 들어서려 하면 사람들은 눈을 피했다. 아메리카의 발견자인 그 노인은 궁정까지 가는 길에 노새라도 탈 수 있게 해달라는 간절한 청원을 해야 했다. 그는 여전히 끊임없는 약속을 했다. 여왕에게는 다음 항해에서는 반드시 '낙원'을 발견할 것이라고 약속했고, 교황에게는 지금까지보다 더 빠른 새로운 길로 순례를 떠나 예루살렘을 해방시키겠다고 맹세했다. 또한 죄 많은 인류에게는 자신의 『예언서』를 통해 세상이 150년 후에는 멸망할 것이라고 경고하기도 했다. 마침내 더 이상 어느 누구도 그 '사기꾼'의 말과 '지팡구 섬'에 관한 망상에 귀를 기울이지 않게 되었다. 그로 인해 손해를 본 상인들, 그의 엉터리 지리학을 경멸하는 학자들, 그의 허풍에 환멸을 느낀 이주민들, 그의 지위를 시샘하던 관리들이 모여 '모기의 나라 제독'에 맞서 단결된 전선을 꾸렸다. 그 노인은 점점 더 궁지에 몰렸다. 말년에는 후회 섞인 고백을 하기도 했다.

"나는 세상에서 가장 풍요로운 왕국에 도착했다고 말했습니다. 나는 황금과 진주, 보석과 향료에 대해서도 말했습니다. 그러나 그것들을 눈앞에 대령하지 못하자 온갖 수모를 당해야만 했습니다."

1500년에 크리스토퍼 콜럼버스는 스페인에서 이미 볼 장 다 본 사람이었으며, 1506년에 그가 세상을 떠났을 때는 거의 잊혀진 상태였다.

그 후 수십 년 동안 그를 기억하는 사람은 거의 없었다. 그 시대는 시간이 쏜살같이 흐르던 시대였다. 새로운 영웅과 새로운 발견, 새로운 이름과 승리가 매년 보고되었으며 어제의 성취는 더욱 빨리 잊히기 마련이었다. 그 무렵 바스코 다 가마와 카브랄이 인도에서 돌아왔다. 그들은 벌거벗은 노예들이나 모호한 약속이 아닌 동방의 진귀한 물건들을 잔뜩 가져왔다. 행운 왕 마누엘 1세$^{Manuel\ I}$는 캘리컷과 말라카에서 가져온 보물 덕분에 유럽 왕실 중에서 가장 부유한 군주가 되었다. 브라질이 발견되었으며, 누녜스 데 발보아$^{Núñez\ de\ Balboa}$는 파나마의 산 정상에서 태평양을 처음으로 바라보았다. 코르테스^{Cortés}는 멕시코를, 피사로^{Pizarro}는 페루를 정복했다. 드디어 진짜 황금이 보물창고로 쏟아져 들어오기 시작했다. 마젤란은 범선을 타고 아메리카 대륙을 돌아 항해했고 이는 모든 시대를 통틀어 가장 위대한 항해였다. 3년에 걸친 항해 끝에 그의 범선 빅토리아호는 지구를 한 바퀴 돌아 세비야로 귀환했다. 1545년에는 포토시의 은광[23]이 개발되어 매년 은을 가득 실은 함대가 유럽으로 돌아왔다.

바다 중에 배가 닿지 않는 곳은 없었고, 지구의 거의 모든 지역에 배가 도달했다. 호메로스의 영웅 서사시 같은 이 이야기 속에서 콜럼버스 개인이나 그의 행동은 과연 얼

---

[23] 포토시 은광은 1545년 현재의 볼리비아 지역에서 발견된 세계 최대 규모의 은광으로, 스페인 식민제국의 경제를 지탱한 핵심 자원이었으며, 강제 노역과 미타 제도를 통해 수많은 원주민이 희생되었다. 이 은은 유럽과 아시아로 유통되며 세계 무역체제에 결정적 영향을 끼쳤다.

마나 중요한 의미를 가질 수 있었을까? 그의 생애를 다룬다거나 그의 외로운 시도를 이야기하는 책은 없었다. 콜럼버스의 원정은 유명한 항해자들의 일련의 항해 중 하나일 뿐이었다. 모든 시대가 그렇듯 그 시대 역시 역사의 척도가 아닌, 자신들의 척도로 세상을 바라보았기 때문이다.

그러는 동안 아메리고 베스푸치의 명성은 하늘로 치솟았다. 모든 이들이 서쪽에서 인도를 발견했다는 망상에 빠져 있을 때, 그는 혼자만의 힘으로 진실을 깨달았다. 즉, 자신들이 발견한 땅은 신세계이며 이전과는 전혀 다른 신대륙이라는 진실이었다. 그는 언제나 진실만을 보고했다. 그는 황금이나 보석을 쉽게 약속하지 않았다. 원주민들이 그 지역에 황금이 있을지도 모른다고 말하긴 했지만, 자신은 사도 토마스처럼 믿음에 있어 신중하다고 조심스럽게 보고하며 진실은 시간이 밝혀줄 것이라고 겸손히 이야기했다. 다른 사람들처럼 황금과 돈을 위해서가 아니라 발견에서 오는 순수한 기쁨을 위해 항해에 나섰다. 사람들을 고문하거나, 다른 잔인한 정복자들처럼 나라를 폐허로 만들지도 않았다. 그는 인문주의자이자 학자로서 낯선 민족들의 도덕과 관습을 존중하며 관찰하고 묘사했을 뿐, 그들을 칭송하거나 비난하지 않았다. 프롤레마이오스와 위대한 철학자들의 현명한 제자답게, 새로운 별들의 궤도를 관찰하며 바다와 땅을 연구해 그 안에 숨겨진 비밀과 경이를 밝혀내는 것을 목표로 했다. 그를 이끈 것은 맹목적인 우연이 아니라 엄격한 학문, 즉 수학과 천문학이었다.

맞다, 그는 학자들이 칭송한 대로 학자였으며, 진정한 인문주의자였다. 그는 글을 쓸 줄 알았고, 특히 학자들이 정신 활동을 위해 꼭 필요하다고 믿었던 유일한 언어, 라틴어를 자유롭게 사용할 줄 알았다. 그는 돈이나 황금이 아닌 학문의 명예만을 위해 활동한 사람이었다. 동시대의 모든 역사가들은 베스푸치의 이름을 부르기에 앞서 항상 경의를 표했다. 피터 마더 버미글리[Peter Martyr Vermigli], 라무시오[Ramusio], 오비에도[Oviedo]와 같은 인물들이 그러했다. 당시는 학문의 기준을 세우는 위대한 학자들이 많지 않았기에 베스푸치는 그 시대의 최고의 항해자로 평가받았다.

학자들의 세계에서 베스푸치가 이토록 엄청난 명성을 누리게 된 것은 궁극적으로는 우연한 상황에서 비롯된 것이다. 그것은 그가 출간한 매우 얇고 신뢰성이 다소 의심스러운 두 권의 책들이 학자들의 언어인 라틴어로 쓰여졌기 때문이다. 그에게 다른 사람들보다 훨씬 높은 권위를 부여한 것은 무엇보다도 『지리학 입문』이라는 책이었다. 그러한 책을 최초로 썼다는 이유 하나만으로 베스푸치는 행동보다 말을 중시하는 학자들에 의해 서슴없이 신대륙의 발견자로 찬양받게 되었다. 지리학자인 쇼너Schöner는 두 사람 사이에 명확한 경계를 그으며 이렇게 말했다.

"콜럼버스는 단지 몇몇 섬만을 발견했을 뿐이고, 베스푸치는 진정한 신세계를 발견했다."

그리고 10년 정도의 시간이 지나자, 이 말은 점점 더 많은 사람의 말과 글을 통해 힘을 얻어 자명한 공리처럼 받아들여졌다. 베스푸치가 신대륙의 발견자이며, 이 땅을 아메리카라 부르는 것은 당연한 일이라고 말이다.

16세기 내내 신세계의 발견자라는 베스푸치의 명성은 구름 한 점 없이 밝게 빛났다. 단 한 번, 누군가가 다소 어색하고 미약한 이의를 제기했을 뿐이다. 이의를 제기한 사람은 미카엘 세르베투스Miguel Serveto라는 조금 특이한 인물이었다. 그는 비극적인 죽음을 맞아야 했는데 제네바에서 칼뱅파 프로테스탄트 종교 재판소의 첫 희생자가 되어 장작더미 위에서 불태워졌기 때문이다. 세르베투스는 정신사에서 독특한 인물로서, 한편으로는 천재적이었지만 다른 한편으로는 어리석었다. 그는 늘 불만투성이였으며 도깨비불처럼 도발적으로 모든 결함을 지적하고 의견을 표출해야 분이 풀리는 사람이었다. 본질적으로는 비생산적인 이런 사람의 특징은 중요한 문제를 정확히 짚어내는 뛰어난 직관을 가지고 있다는 것이다. 의학 분야에서 그는 윌리엄 하비[24]의 혈액순환 이론을 거의 명백하게 앞서 언급했고, 신학 분야에서는 칼뱅의 가장 큰 약점을 지적하며 삼위일체론을 부정했다. 그때마다 그는 특유의 신비스런 예감 능력을 발휘했는데 그것은 비밀을 정확히 밝혀내지는 못하더라도 그 비밀의 존재를 감지할 수 있는 능력이었다.

지리학 분야에서도 세르베투스는 중요한 문제를 건드렸다. 그는 교회에 의해 추방되어 리옹으로 도망쳐 가명을 사용하며 의사로 활동하면서 1535년에 자신의 주석을 덧

---

[24] 하비(Harvey, W., 1578~1657) 1628년 하비는 직접 실험한 결과를 바탕으로 혈액은 심장 박동으로 온몸을 순환한다는 혈액 순환의 원리를 밝혀냈다.

붙인 프톨레마이오스의 새로운 판본을 출간했다. 이 판본에는 1522년에 로렌츠 프라이즈$^{Lorenz\ Fries}$가 편찬한 프톨레마이오스의 지도가 첨부되어 있었는데, 여기에는 발트제뮐러가 제안한 대로 신대륙의 남부에 '아메리카'라는 이름이 붙어 있었다. 그러나 1522년 판본의 편집자 토마스 안쿠파리우스$^{Thomas\ Ancuparius}$가 서문에서 콜럼버스는 전혀 언급하지 않고 베스푸치에 대한 찬사만 늘어놓은 반면, 세르베투스는 최초로 베스푸치가 과대 평가된 점과 신대륙에 그의 이름을 붙이는 것에 대한 비판을 제기했다. 그는 베스푸치는 결국 상인의 신분으로 항해에 참여했고, 콜럼버스보다 한참 뒤에 등장한 인물이라고 기록했다. 이러한 주장은 아직은 매우 조심스럽고 신중한 것으로써, 항의의 예고편에 불과했다.

세르베투스가 베스푸치에게서 발견자의 명예를 빼앗을 생각을 품은 것은 아니었다. 그는 단지 콜럼버스가 완전히 무시되는 것을 원치 않았을 뿐이었다. 콜럼버스냐 아니면 베스푸치냐 하는 양자택일의 논쟁을 시작한 것도, 우선순위를 놓고 논쟁을 벌인 것도 아니었다. 세르베투스가 암시한 바는 단지 베스푸치와 콜럼버스를 함께 고려해야 한다는 것이었다. 그러나 명확한 증거를 갖추지 못했고 역사적 상황에 대한 깊은 이해도 부족한 채, 단지 오류의 냄새를 맡는 직관만을 바탕으로 세르베투스는 베스푸치의 과장된 명성에 무언가 잘못된 부분이 있다는 것을 처음으로 암시했던 것이다.

결정적인 이의는 리옹의 세르베투스처럼 서적이나 불확실한 정보에 의존한 사람이 아니라 역사적 사실에 관한 믿을 만한 증거를 손에 쥔 사람만이 제기할 수 있었다. 그리고 이제 베스푸치의 지나친 명성에 맞서는 강력한 목소리가 등장하게 된다. 그 목소리 앞에서는 황제와 왕들도 고개를 숙였으며, 그 목소리로부터 나온 말들은 고통과 고문에 시달리던 수백만의 사람들을 구제했다. 목소리의 주인공은 바로 위대한 주교 라스 카사스[25]였다. 그는 정복자들이 원주민에게 저지른 끔찍한 만행을 폭로했으며, 그의 보고는 오늘날에 읽어도 우리의 가슴을 아프게 한다.

---

25 바르톨로메 데 라스 카사스(Bartolomé de las Casas, 1484~1566)는 스페인의 수도사이다. 항해에 동행하였다가 신대륙 정복 과정에서 이루어진 원주민에 대한 학대와 만행을 목격하였다. 이후 스페인 식민지에서 선교와 인디언 인권보호를 위해 활동하였다.

90세의 라스 카사스는 발견의 시대 전체를 직접 목격한 증인이었다. 그는 진리를 사랑하는 마음과 사제로서의 공정한 성품을 갖춘 신뢰할 수 있는 증인이기도 하다. 86세이던 그가 1559년 바야돌리드 수도원에서 집필하기 시작한 역사서 『인디오의 역사$^{Historia\ general\ de\ las\ Indias}$』는 오늘날까지도 당시 역사를 이해하는 가장 견고한 토대로 평가받는다. 1474년에 태어난 그는 콜럼버스가 활동하던 시절인 1502년 히스파니올라(아이티)로 건너가 처음에는 신부로, 나중에는 주교로서 73세가 될 때까지 전 생애를 신대륙에서 보냈다. 따라서 발견의 시대에 일어난 사건들에 대해 객관적이고 공정한 판단을 내리는 데 그보다 더 적합한 사람은 없었다.

그는 이따금씩 신인도에서 스페인으로 돌아오는 여행을 하곤 했는데, 분명 신대륙에 '아메리카'라는 이름이 붙은 지도나 외국 서적을 본 적이 있었을 것이다. 그는 아마 우리와 마찬가지로 '왜 아메리카인가?'라는 질문을 던졌을 것이다. 그것이 아메리고 베스푸치의 발견 때문이라는 대답은 그의 마음속에 당연히 의심과 분노를 불러일으켰을 것이다. 왜냐하면 그의 마음에는 '진짜 발견자'의 모습이 떠올랐을 것이기 때문이다. 그의 부친은 콜럼버스를 두 번째 항해에서 수행했고, 따라서 라스 카사스 본인 역시 부친의 증언을 통해 콜럼버스가 '수백 년간 굳게 닫혀 있던 대서양의 문을 최초로 연 사람'이라는 사실을 명백히 알고 있었다. 그는 당시 일반적으로 통용되던 주장, 즉 콜럼버

바르톨로메 데 라스 카사스의 초상화 16세기경

스는 아메리카 동쪽에 있는 섬들인 앤틸리스 제도만을 발견했을 뿐, 실제로 본토는 베스푸치가 최초로 발견했다는 주장을 접했던 것으로 보인다. 이 지점에서 온화한 성격을 지녔던 라스 카사스는 격렬한 분노를 터뜨릴 수밖에 없었다. 그는 베스푸치가 이런 주장을 했다면 그것은 명백한 사기라고 단언했다. 콜럼버스 제독은 이미 1498년에 두 번째 항해에서 남미 본토 파리아 반도에 상륙했다는 것이다.

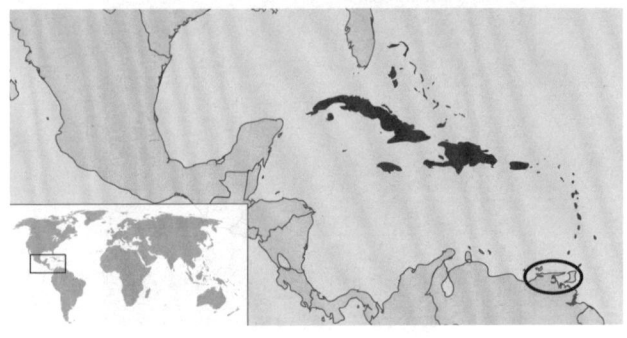

앤틸리스 제도(짙은 색)와 파리아 반도(오른쪽 아래 타원)

이 사실은 1516년 콜럼버스의 상속인을 상대로 국가가 벌인 재판에서 알론소 데 오헤다의 엄숙한 증언을 통해서도 입증되었다. 수백 명의 증인 중 어느 누구도 이 사실에 대해 이의를 제기하지 못했다. 그러므로 그 땅은 당연히

'콜롬비아'라고 불려야 마땅했다.

'어떻게 베스푸치가 콜럼버스 제독에게 돌아가야 할 명예와 명성을 강탈하고 모든 공로를 자신에게 돌릴 수 있단 말인가?'

알론소 데 오헤다(Alonso de Ojeda, 1466~1515) 콜럼버스 이후 신대륙을 탐험한 스페인 정복자로, 아메리고 베스푸치와 함께 남아메리카 북부 해안을 탐사했다. 베네수엘라(스페인어로 작은 베네치아)라는 도시가 이탈리아 도시와 유사하다고 생각하여 베네수엘라라는 이름을 붙인 인물이다.

라스 카사스는 베스푸치가 도대체 언제, 어디서 어떤 항해에서 콜럼버스보다 먼저 아메리카 본토에 발을 들였는지 알아보기 시작했다. 그는 『지리학 입문』에 실린 베스푸치의 보고서를 면밀히 검토하며 베스푸치가 콜럼버스보다 앞섰다는 주장에 의문을 갖는다. 그런데 여기서 오류의 희극에는 새로운 그로테스크한 반전이 더해지고, 이미 충분히 복잡하게 얽혀 있던 실타래는 완전히 엉뚱한 방향으로 꼬여가게 된다.

 1497년 베스푸치의 첫 번째 항해를 묘사한 이탈리아어 원본에서는 그가 '라리압^{Lariab}'이라는 곳에 상륙한 것으로 되어 있다. 그런데 생디에에서 출간된 라틴어 판본에서는 인쇄상의 실수 혹은 의도적인 개입으로 '라리압' 대신 '파리아'라는 지명이 삽입되어 있었다. 베스푸치는 이미 1497년, 즉 콜럼버스보다 1년 앞서 본토에 도착했다고 주장하고 있었던 것이다. 라스 카사스의 눈에 베스푸치는 명백한 사기꾼이었다. 베스푸치는 콜럼버스가 사망한 후 좋은 기회를 이용해 외국에서 출판된 서적에(스페인에서 그의 행적이 너무 잘 알려져 있었기 때문에) 자신이 신대륙의 최초 발견자인 것처럼 기록한 '위조자'였다. 라스 카사스는 베스푸치가 실제로는 1497년이 아니라 1499년에야 아메리카 항해를 했으며, 그가 항해의 동행자였던 오헤다에 대해서는 의도적으로 침묵했다고 지적했다. 그는 베스푸치가 불순한 의도를 가지고 있다며 비난했다.

그러나 사실 '라리압' 대신에 '파리아'라는 단어가 삽입된 것은 단지 라틴어 판본 인쇄상의 실수에 불과했다. 바로 이 실수 때문에 라스 카사스는 흥분하며 베스푸치를 교활한 사기꾼으로 몰아갔다. 하지만 본의 아니게 라스 카사스는 중요한 지점을 지적했다. 베스푸치의 모든 편지와 보고서에서 그의 항해 목적과, 실제로 도착한 지점들에 대한 모호함이 계속해서 존재했기 때문이다. 베스푸치는 단 한 번도 함대 사령관의 이름을 명확히 밝힌 적이 없다. 그가 기록한 날짜는 판본마다 서로 다르게 나타났으며, 경도 표시 역시 정확하지 않았다. 그가 왜 항해를 했는지 역사적 근거를 확인하려는 순간부터, 어떤 이유로(이에 대해서는 뒤에서 다룰 것이다) 너무나 명백하고 단순한 사실들이 왜 고의적으로 모호하게 바뀌었는지 의혹을 갖지 않을 수 없다. 바로 여기서 우리는 수백 년 동안 전 세계 학자들이 매달려 온 이른바 '베스푸치의 비밀'과 처음으로 마주하게 된다. 그가 쓴 항해 보고문은 어디까지가 진실이고, 또 어디까지가 허구(더 심하게는 위조)에 가까운 것인가?

이러한 의혹은 무엇보다도 그의 네 번의 항해 중에서도 특히 1497년 5월 10일에 시작된 첫 항해에 집중된다. 이미 라스 카사스도 의심한 적이 있었던 것으로, 만약 사실이라면 베스푸치는 대륙의 발견자로서 일정한 우선권을 확보할 수 있다. 그러나 이 항해는 어떠한 역사 문서에서도 언급되지 않으며, 그가 묘사한 일부 요소들은 분명히 오헤다와 함께한 두 번째 항해에서 빌려온 것이다. 심지어 베스푸치를 맹목적으로 옹호하는 사람들조차도, 그해에 있었던 베스푸치의 항해를 뒷받침할 어떠한 알리바이도 제시하지 못한 채 그 항해의 존재 가능성에 대한 몇 가지 가설을 제시하는 수준에서 만족해야 했다.

지리학자들 사이에서 오랜 기간 치열하게 진행된 논쟁에서 제기된 증거와 반론들을 일일이 제시한다면, 그 분량만으로도 책 한 권이 될 정도다. 간단히 말하자면, 학자들의 절반 이상은 첫 번째 항해가 허구라고 주장했다. 반면 베스푸치를 공식적으로 옹호하는 나머지 학자들은 이 기회를 빌려 베스푸치가 플로리다 혹은 아마존강을 최초로 발견했다고 주장하기도 했다. 그러나 베스푸치의 엄청난 명성이 주로 이 첫 번째 항해에 기초하고 있기 때문에 문

『서인도제도의 역사』 초판 표지
안토니오 데 에레라, 1601년

헌학적 증거로 그 기반을 흔드는 순간 오류와 우연, 그리고 무비판적으로 남을 따라 한 행위들로 쌓아 올린 바벨탑은 흔들리기 시작할 수밖에 없었다.

   결정적인 타격을 입힌 인물은 에레라^{Herrera}였다. 그는 1601년 자신의 저서 『서인도제도의 역사$^{\text{Descripción de las Indias}}$』에서 일격을 가했다. 스페인의 역사가가 증거를 찾기 위해 오랜 노력을 들일 필요는 없었다. 그는 당시 아직 출간되지 않은 라스 카사스의 원고를 열람할 수 있었기 때문이다. 에레라는 라스 카사스가 제시한 근거들을 토대로 「네 번의 항해」에 기록된 날짜가 실제와 다르며, 베스푸치가 오헤다와 함께 항해에 나선 시점은 1497년이 아니라 1499년임을 증명했다. 그리고 그는 다음과 같은 결론을 내렸다. 피고의 변론 기회가 없는 상황에서 베스푸치는 콜럼버스로부터 아메리카 발견자의 영예를 빼앗으려는 목적으로 교활하고 의도적으로 보고문을 위조했다고 말이다.

이 같은 폭로의 파장은 엄청났다. 학자들은 경악했다. 아메리카를 발견한 사람이 베스푸치가 아니라니? 절제되고 겸손하며 현명한 행동으로 귀감이되던 그가, 멘데스 핀투[26]처럼 파렴치한 사기꾼, 거짓말쟁이였다니? 이처럼 격렬한 반응을 보인 이유는, 한 번의 항해라도 거짓으로 밝혀

---

[26] 페르낭 멘데스 핀투(Fernão Mendes Pinto, 1509~1583)는 포르투갈의 탐험가이자 여행기로 유명한 저술가로, 1537년부터 1558년까지 아프리카와 아시아 여러 지역(인도, 아라비아, 중국, 일본 등)을 여행하며 13번 포로로 잡히고 17번 팔려가는 등 극적인 삶을 살았다. 사후 출간된 『핀투 여행기』(1614)는 과장된 모험담으로 오랫동안 '허풍쟁이'라 불렸지만, 최근에는 그의 여정이 실제 역사와 부합한다는 연구를 통해 신뢰를 얻고 있다.

지면 나머지 항해들도 사실로 믿기 어렵게 되기 때문이다. 새로운 프톨레마이오스로 여겨졌던 인물이 영웅이 되고자 범죄를 저지른 파렴치한이라니! 얼마나 치욕스러운 일인가. 비열한 범죄로써 불멸의 명성을 얻고자 교묘하게 명예의 전당에 침입한 자라니! 그의 허풍에 속아 신대륙에 그의 이름을 붙였으니, 학자들의 입장에서 이 얼마나 부끄러운 일인가! 지금이야말로 이 수치스러운 잘못을 바로잡아야 하는 것이 아닌가? 1627년 프라이 페드로 시몬$^{Fray\ Pedro\ Simon}$은 매우 진지하게 아메리카라는 이름이 포함된 모든 지리 서적과 지도의 사용을 자제하자는 제안을 하기도 했다.

진자는 반대쪽으로 움직였다. 17세기에 이르러 반쯤 잊혀졌던 콜럼버스의 이름이 다시금 찬란히 떠올랐다. 그의 존재는 신대륙만큼이나 위대한 존재로 부활했다. 수많은 행적들 중에 유일하게 남은 것은 콜럼버스의 탐험이라는 행적이었다. 몬테주마^{Montezuma}의 궁전들은 약탈당해 폐허가 되었고, 페루의 보물창고들은 텅 비었으며, 정복자들의 공적과 악행도 사람들의 기억에서 사라지고 잊혀졌다. 하지만 그가 남긴 것은 보물이나 권력이 아니라 아메리카라는 대륙 그 자체였기 때문에 그 자체로 영속성을 갖게 되었다. 지구의 보석이자, 박해받은 자들의 안식처, 미래의 땅으로서 오직 아메리카만이 현실로 남게 되었다.

콜럼버스라는 한 인물이 살아 있을 때뿐만 아니라 죽은 후 수백 년 동안 얼마나 많은 부당한 처우를 겪었는지를 생각하면, 이는 실로 부끄러운 일이 아닐 수 없다! 콜럼버스는 영웅으로 떠올랐으며, 그를 향한 모든 경멸과 그의 이미지에 드리워졌던 모든 그림자는 깨끗이 지워졌다. 사람들은 그의 형편없었던 통치 행위에 대해서는 침묵하고 그의 생애를 이상적으로 그려냈다. 그가 겪었던 어려움은 극적으로 부각되었다. 선원들의 모반을 제압하고 배를 끝까지 이끌었던 일, 한 악당의 음모로 쇠사슬에 묶여 고향으로 압송된 일, 굶주림에 처한 자식과 함께 라비다 수도원에 숨었던 일 등 이 모든 사건들은 이전에는 그의 업적을 칭송할 때 별로 언급되지 않았지만, 이제는 끊임없는 영웅화 욕구 덕분에 오히려 지나치다 싶을 정도로 회자되었다.

그러나 모든 옛 드라마, 특히 멜로드라마가 늘 그래왔듯이 모든 영웅적 주인공은 상대역을 필요로 한다. 빛에는 어둠이, 신에게는 악마가, 아킬레스에게는 테르시테스가, 그리고 광적인 몽상가 돈키호테에게는 현실적이고 세속적인 산초 판사가 있는 법이다. 천재성을 더욱 돋보이게 하려면 반드시 그에 반대되는 존재가 필요하다. 즉 세속적인 저항과 무지, 시기와 배반을 품은 비열한 세력이 등장해야 하며, 그들은 사람들 앞에서 조롱거리가 되어야 한다. 그래서 콜럼버스의 적들이었던 성실하고 올바른 평범한 관리 보바디야와 유능하고 명석한 회계관 폰세카 추기경마저도 추잡한 악당으로 비난의 대상이 되었다. 그러나 이제 콜럼버스 전설의 완벽한 적수는 바로 아메리고 베스푸치였으며, 그렇게 해서 베스푸치의 전설이 탄생했다.

저기 세비야에는 시기심에 배가 부풀어 오른 독기를 품은 두꺼비 한 마리가 있다. 그는 별 볼 일 없는 상인이면서 학자와 탐험가로 인정받기를 간절히 원한다. 하지만 그는 너무 겁쟁이라 배를 탈 용기도 없다. 그는 안전한 자신의 창가에서 이를 갈며, 위대한 콜럼버스가 귀환할 때 환호하는 군중들을 질투심에 불타는 눈으로 지켜본다. 어떻게 저 사람의 명성을 훔칠 수 있을까? 저 자리를 반드시 훔칠 거야! 고귀한 제독이 쇠사슬에 묶여 압송되는 동안 그는 교활하게 외국의 서적을 뒤지며 마치 자신이 항해를 다녀온 것처럼 거짓 이야기를 만들어 낸다. 콜럼버스가 이미 세상을 떠나 방어할 수 없는 상태가 되자, 이 명성의 하이에나는 전 세계의 시인들에게 자신이야말로 신대륙을 최초로 발견했다고 주장하는 뻔뻔스러운 편지와 보고문을 보내고 이를 조심스럽게 외국에서 라틴어로 출판하도록 부탁했다.

그는 세상 끝의 무지한 학자들에게 간청하며 신대륙에 자신의 이름을 붙여 달라고 부탁했다. 그는 콜럼버스와 원수지간으로 시기심에 불타던 폰세카 대주교에게 은밀히 접근해, 항해에 무지한 자신을 사무실의 수석 항해사로 임명하도록 달콤한 말로 꼬드겼다. 그리하여 지도 제작과 관련된 모든 일을 통제하게 되었다. 그는 이제 마침내 (사실 베스푸치 자신이 꾸며낸 일이지만) 거대한 사기극을 펼칠 기회를 얻었다. 지도 제작의 책임자가 된 그는 아무런 간섭도 받지 않고 신대륙에 자신의 파렴치한 이름을 붙여 모든 지도와 지구의 여기저기에 '아메리카'라는 명칭을 새겨 넣을 수 있었다. 이렇게 해서 생전에 이미 쇠사슬에 묶여 고통받았던 고인은 이 사악하고 교활한 사기꾼에 의해 다시 한번 모든 것을 빼앗기고 기만당하게 되었다. 그렇게 해서 신대륙을 장식하는 이름은 콜럼버스가 아니라 이 도둑의 이름이 되었다.

이것이 바로 17세기에 형성된 베스푸치의 이미지였다. 그는 중상모략가, 위조자, 사기꾼이 되었다. 날카로운 눈빛으로 세상을 응시하던 독수리가 갑자기 역겨운 두더지가 되어 땅속을 뒤지고 다녔다. 그는 시체를 도둑질하는 자, 파렴치한 사기꾼이었다. 이것은 올바른 평가가 아니었지만, 이 왜곡된 이미지는 역사 속에 깊숙이 자리 잡았다. 수십 년, 아니 수백 년 동안 베스푸치의 이름은 더러운 진흙탕 속에서 질식할 지경이었다. 프랑스 철학자인 벨Bayle과 볼테르Voltaire는 그의 무덤에 발길질을 했으며, 학교의 교과서마다 아이들에게 베스푸치가 벌인 파렴치한 명예 도둑질을 가르쳤다. 심지어 미국 시인인 랠프 월도 에머슨Ralph Waldo Emerson과 같은 현명하고 신중한 사람마저도 300년 후인 1856년에 이 전설에 사로잡혀 다음과 같이 기록했다.

'이 드넓은 아메리카가 도둑의 이름을 갖고 있다는 사실은 너무나 이상한 일이다. 세비야의 피클 장수였으며, 한 번도 가지 않은 원정에서 얻었던 최고의 지위가 갑판장의 조수에 불과했던 아메리고 베스푸치가 거짓말로 가득 찬 세상에서 콜럼버스를 밀쳐내고 지구 절반에 자신의 지저분한 이름을 붙인 것이다.'

진실을 증언하는 문서들

~

17세기 중엽, 아메리고 베스푸치에 대한 평가는 이미 끝난 문제였다. 그의 이름과 업적, 혹은 그의 범죄를 둘러싼 논쟁은 궁극적으로 결말이 난 듯했다. 그는 이미 명예의 자리에서 끌어내려졌고, 그의 사기 혐의도 입증된 상태였다. 만약 아메리카라는 대륙이 그의 이름을 따르지 않았다면, 그는 치욕적인 망각 속으로 떨어질 운명이었을 것이다.
그러나 이제 더 이상 사람들의 수다나 옛날부터 떠돌던 소문 따위는 신뢰를 얻을 수 없는 세기가 도래하게 되었다. 역사 서술은 점차 단순한 연대기 형식에서 벗어나 모든 사실을 엄밀하게 검증하고 증거를 철저히 점검하는 비판적 학문으로 변모했다. 사람들은 문서 보관소에서 자료들을 꺼내 조사하고 비교했다. 이미 오래전에 판결이 났다고 여겨졌던 콜럼버스 대 베스푸치의 낡은 재판도 다시 파헤쳐질 수밖에 없었다.

 그 일을 처음 시작한 것은 베스푸치와 같은 고향 출신 사람들이었다. 그들은 자신의 이름으로 고향 피렌체를 세상에 널리 알리는 데 기여한 인물이 죄인의 기둥에 묶인 채 방치되는 것을 그냥 보고만 있을 수 없었다. 가장 먼저 나서서 철저하고 공정한 조사를 요구한 것도 그들이었다. 수도원장 안젤로 마리아 반디니^{Angelo Maria Bandini}는 1745년에 피렌체 출신 항해자에 대한 최초의 전기인 『아메리고 베스푸치의 삶과 편지』를 출간하며 여러 자료를 발굴해내는 데 성공했다. 이어 프란체스코 바르톨로치^{Francesco Bartolozzi}는 1789년에 『비판적 역사 탐구』라는 책을 통해 반디니의 견해에 힘을 실어주었다. 피렌체 사람들에게 이러한 결과물들은 동향인 베스푸치를 복권시키기에 충분히 고무적이었다. 원로원 의원 스타니슬라오 카노바이^{Stanislao}

Canovai는 한 대학에서 중상모략을 당한 '저명한 항해사'를 위한 공식적인 찬사를 작성하기까지 했다. 동시에 스페인과 포르투갈의 문서 보관소에서도 본격적인 검증 작업이 시작되었다. 사람들은 자료 위에 앉은 먼지를 털어냈다. 그러나 먼지를 일으킬수록 자료의 윤곽은 더욱 희미해져만 갔다.

포르투갈의 문서 보관소에서는 별다른 성과가 없었다. 베스푸치가 동행했다고 주장하는 두 번의 원정에 관한 기록은 한 줄도 발견되지 않았다. 회계장부에도 베스푸치의 이름은 전혀 언급되지 않았다. 베스푸치 본인의 주장에 따르면 포르투갈의 마누엘 왕에게 제출되었다는 항해 일지조차 흔적이 없었다. 아무것도 발견되지 않았다. 단 한 줄의 글도, 단 한마디의 기록도 없었다. 그러자 베스푸치의 불구대천의 원수 중 한 사람은 곧바로 이 점이야말로 베스푸치가 포르투갈 왕의 후원과 경제적 지원을 받아 두 번의 원정에 참여했다는 주장이 완벽한 거짓임을 입증한다고 선언했다.

그러나 300년이 지난 뒤, 어떤 탐험을 조직하거나 지휘하지 않았던 한 개인에 대한 자료를 찾지 못했다하여 그러한 사실이 없다고 단정하는 것은 무리가 있다. 포르투갈의 위대한 국민 시인이자 자랑거리인 루이스 드 카몽이스^{Luís} $^{de\ Camões}$는 포르투갈을 위해 16년간 일하며 왕을 위해 싸우다가 부상까지 입었지만, 그의 이름이 등장하는 공적 기록은 단 한 줄도 존재하지 않는다. 그는 인도에서 체포되어 감금당하기까지 했다. 그러나 그에 대한 기록은 어디에 있는가? 소송과 관련된 자료조차 찾을 수가 없다. 그의 항해에 대한 자료 역시 존재 하지 않는다. 심지어 오늘날에도 길이 기억될 마젤란의 항해를 기록했던 피가페타^{Pigafetta}의 일기 역시 사라져 버리고 없다. 따라서 리스본에서 베스푸치의 인생에서 가장 중요한 시기에 관한 자료가 전혀 발견되지 않았다고 해서 성급히 결론짓기보다 우리는 다음과 같은 사실을 기억해야 한다.

우리가 보관된 기록들을 통해 세르반테스^{Cervantes}의 아프리카 모험과 단테의 여행 시기, 셰익스피어의 연극 활동에 대해 얻은 정보 역시 이와 별반 다르지 않다는 것이다. 그러나 세르반테스는 싸움터에 있었으며, 단테는 나라에서 나라로 이동했고, 셰익스피어는 수백 번이나 무대에 올랐다. 자료 존재 여부가 어떤 사실의 진위에 대해 언제나 절대적인 증거가 되는 것은 아니다. 물론 자료가 없으면 사실을 증명하기 더욱 어려워지는 것도 사실이다.

반디니와 바르톨로치에 의해 베스푸치가 메디치 가문의 로렌초Lorenzo de Medici에게 보낸 세 통의 편지가 발굴되었다. 그것들은 원본이 아니라 바글리엔티Vaglienti라는 인물이 힘들여 수집해 놓은 자료를 나중에 필사한 것이었다. 바글리엔티는 새로운 탐험에 관한 모든 정보와 편지, 출판물들을 연대순으로 직접 필사하거나 다른 사람에게 필사하도록 했다. 이 세 통의 편지 중의 하나는 포르투갈 왕의 명령에 따라 이루어진 첫 번째 항해에 관한 것으로 베스푸치가 세 번째 항해에서 돌아오던 중에 베르데곶에서 작성한 것이었다.

두 번째 편지는 세 번째 항해에 관한 상세한 보고를 담고 있으며, 나중에 출간된 「신세계」의 내용을 거의 모두 포함하고 있었다. 그러나 「신세계」에서 찾아볼 수 있는 몇 가지 의심스러운 문학적 과장은 포함되지 않았다. 진실을 사랑하는 베스푸치의 모습을 분명히 증명해 주는 듯했다. 적어도 '신세계'라는 말로 그를 유명하게 만든 세 번째 항해는 더 이상 의심할 여지가 없이 확고해진 셈이다. 이쯤되면 우리는 그가 근거 없는 중상모략의 순진한 희생자였다고 칭송할 수도 있을 것이다.

그러나 바로 그때, 그가 메디치 가문의 로렌초에게 보낸 세 번째 편지가 발견되었다. 그 편지에서 그는 어설프게도 1497년에 있었던 첫 번째 항해를 1499년에 있었던 것으로 기록했다. 이는 그의 적들이 그에게 퍼부었던 비난의 핵심을 그대로 인정한 꼴이다. 그가 직접 자신의 항해 일자를 실제보다 2년이나 더 앞당겼다니, 이로써 베스푸치 본인의 편지에 의해 분명한 증거가 제시된 셈이다. 라스 카사스의 분노 어린 의혹에 이제 반박할 수 없게 되었다. 베스푸치를 정직한 인물로 복권시키고 싶었던 사람들(『콜럼버스 문헌집』을 펴낸 그의 동향인들)이 이 난처한 상황에서 벗어날 방법은 단 하나뿐이었다. 그것은 문제의 세 번째 편지를 사후 위조된 것이라고 주장하는 것이다.

피렌체의 자료를 통해 우리는 다시 한번 베스푸치의 두 가지 상반된 모습을 마주하게 된다. 한편으로는 메디치 가문의 로렌초라는 주군에게 사적인 편지에서 솔직하고 겸손하게 진실을 보고하는 모습이고, 다른 한편으로는 인쇄물 속에서 위대한 명성과 논란을 일으키며 자신이 하지도 않은 발견과 항해를 허풍스럽게 과시하여 대륙 전체에 자신의 이름을 붙이게 만든 인물의 모습이다. 시대를 지나면서 이러한 오류의 실타래는 점점 더 얽히게 마련이다.

흥미롭게도 스페인의 자료들 역시 이러한 이중성을 정확히 보여준다. 스페인의 자료들에 따르면 베스푸치가 1492년에 세비야에 위대한 학자나 경험 많은 항해자로서가 아니라, 후아노토 베라르디Juanoto Beraldi의 백화점에 속한 보잘것없는 상인으로, 말하자면 '심부름꾼'으로 참여했다는 사실이 밝혀졌다. 이 백화점은 피렌체의 메디치 은행 지점으로 주로 배에 필요한 장비를 제공하고 원정을 재정적으로 지원하는 역할을 했다. 이것은 베스푸치가 이미 1497년에 모험적인 항해의 책임자로서 스페인에서 출항했다는 주장과는 상반되는 사실이다. 더욱 난감한 것은 그가 콜럼버스에 앞서 본토를 발견했다고 주장하는 소위 첫 번째 항해에 대해서는 어떤 자료를 찾아봐도 아무런 흔적을 발견할 수 없다는 점이다. 따라서 그는 자신의 「네 번의 항해」에서 기술한 대로 1497년에 아메리카 해안을 항해한 것이 아니라, 그 시기에 실제로는 세비야에 있는 자신의 사무소에서 성실한 상인으로 일하고 있었던 것이다.

이러한 사실로 베스푸치에 대한 모든 비난은 일종의 정당성을 얻은 듯 보인다. 하지만 같은 스페인의 자료들 속에는 그의 허풍을 드러내는 내용뿐 아니라 베스푸치의 정직함을 보여주는 자료들도 존재한다. 그의 귀화증이 그 예이다. 베스푸치는 1505년 4월 24일에 '왕실에 보여준 과거의 성실한 봉사와 앞으로 보여줄 성실한 봉사' 덕분에 스페인 국민으로 귀화할 수 있었다. 게다가 1508년 3월 22일, 베스푸치는 스페인의 전체 항해 업무를 감독하는 수석 항해사에 임명되었다. 그는 선원들에게 측량기, 천체 관측기, 사분의 사용법을 가르치고 그들의 이론과 실제 능력을 시험하는 책임을 맡았다. 또한 왕의 명령에 따라 세계 지도를 제작하여 새로운 발견들을 빠짐없이 기록하고 지속적으로 수정하고 보완할 임무도 맡았다. 탁월한 항해사들이 많던 당시 스페인 왕이 굳이 도덕적으로 신뢰할 수 없는 허풍쟁이를 이토록 중요한 자리에 임명했을 리가 있겠는가? 베스푸치가 항해 전문가로서 이미 명성을 얻지 못했다면 포르투갈 왕이 굳이 그를 초대해 남아메리카로 향하는 두 차례 원정에 동행시켰을 리 있겠는가? 베스푸치와 오랜 기간 함께 일하며 그의 인간성에 대해 정확한 판단이 가능했던 후아노토 베라르디가 임종 직전에 다른 누구도 아닌 그를 유언 집행자이자 회사의 청산인으로 지목한 것 역시 그의 정직성에 대한 명백한 증거가 아닌가?

우리는 또다시 베스푸치의 이중적인 모습을 접하게 된다. 베스푸치의 삶과 관련된 문서를 살펴볼수록 그는 성실하고 신뢰할 만하며 박식한 사람이 아닌가 하며 고개를 갸우뚱하는 한편 그의 글이 실린 인쇄물을 살펴보면 허풍과 거짓, 황당무계한 내용과 마주하게 된다.

그러나 엄청난 허풍쟁이가 동시에 뛰어난 항해사일 수는 없을까? 탁월한 지도 제작자가 동시에 시기심에 사로잡힌 인물이 될 수는 없지 않은가? 허풍이란 이미 오래전부터 항해자들의 나쁜 습관이 아니었는가? 학자들이 동료의 업적을 인정하지 않으려 하는 것이 직업병인 것처럼 말이다. 그렇다면 이 모든 자료들은 베스푸치가 아메리카 발견이라는 업적을 위대한 제독 콜럼버스로부터 훔쳐내려 했다는 비난에서 벗어나는 데 별다른 도움을 주지 못할지도 모른다.

바로 그때, 무덤 속에서 하나의 목소리가 베스푸치의 정직함을 증언한다. 놀랍게도 콜럼버스 대 베스푸치라는 중대한 논쟁에서 베스푸치를 옹호하기 위해 등장한 이는 결코 그의 변호인이 될 것이라고는 예상하지 못했던 인물이다. 그는 다름 아닌 크리스토퍼 콜럼버스 자신이다. 1505년 2월 5일은 콜럼버스가 죽음을 얼마 남겨두지 않았던 때이자 베스푸치의 「신세계」가 스페인에서 이미 꽤 알려진 시점이었다. 콜럼버스 제독은 이전 편지에서도 베스푸치를 자신의 친구라 언급한 바 있었는데, 자신의 아들 디에고^{Diego}에게 다음과 같은 편지를 보낸다.

1505년 2월 5일

사랑하는 나의 아들아,

디에고 멘데스[27]는 이번 달 3일 월요일에 이곳을 떠났다. 그가 떠난 후 나는 아메리고 베스푸치와 이야기를 나누었다. 지금 그는 왕실의 부름을 받아 그곳으로 갔는데, 항해와 관련된 몇 가지 사항에 대해 조언할 모양이다. 그는 언제나 나를 잘 도와주려고 노력하는 아주 정직한 사람이다. 다른 많은 사람들처럼 그에게도 행운이 호의를 베풀지는 않았다. 그는 매우 열심히 일했으나 그에 맞는 정당한 보상을 얻지 못했다. 그는 나를 위해 무언가 좋은 기회를 마련해줄 수 있지 않을까 하는 큰 희망을 품고 궁정으로 들어갔다. 그러나 여기서 그가 나를 어떻게 도울 수 있을지 구체적으로 말하기는 어렵다. 사람들이 그에게 정확히 무엇을 원하는지 알 수 없기 때문이다. 하지만 그가 나

27　디에고 멘데스(Diego Méndez de Segura, 1475~1536)는 스페인 탐험가이자 콜럼버스의 제4차 항해에 참여한 주요 인물로, 자메이카에 고립된 콜럼버스를 구하기 위해 작은 카누를 타고 산토도밍고까지 항해해 구조 요청을 하면서 그의 생명을 구한 인물이다. 사망하기 전 자신의 경험을 유언장에 기록하여 '콜럼버스 제4차 항해'에 대한 중요한 사료가 되었다.

를 위해 자신에게 주어진 기회를 최대한 활용할 각오가 되어 있음을 나는 알고 있다.

항해를 설명하는 콜럼버스 데이비드 윌키, 1834년
콜럼버스의 아들 디에고 콜럼버스가 오른쪽에 서 있다.

지난 300년 동안 신대륙의 명예를 자신의 이름으로 차지하려고 치열하게 경쟁한 두 사람이 사실은 둘도 없는 친구였다니! 이 편지는 착오의 희극에서 가장 놀라운 장면 중 하나다. 회의적인 성격 때문에 당대 사람들과 갈등을 일으켰던 콜럼버스가 베스푸치를 자신의 오랜 조력자로 칭송하고, 왕실에서 자신을 대신하여 변호할 사람으로 그를 믿고 있었던 것이다. 그러므로 두 사람은 훗날 학자들과 지리학자들이 수백 년에 걸쳐 서로의 이름을 두고 경쟁을 벌이며, 상대방의 그늘을 몰아내려 할 줄은 꿈에도 몰랐을 것이다(이는 의심할 여지 없는 역사적 사실이다). 착오의 희극에서 그들은 의도치 않게 주인공과 악당이라는 역할로 맞서게 되었다. 한 사람은 천재로, 다른 사람은 그 천재성을 가로채려는 음험한 악당으로 묘사되었다. 그러나 두 사람은 그러한 싸움의 불씨가 된 '아메리카'라는 말조차 몰랐을 것이다.

콜럼버스에게는 그저 작은 섬들이었고, 베스푸치에게는 브라질의 해안이었을 뿐, 그 너머에 광활한 대륙이 숨겨져 있을 거라고는 전혀 예상하지 못했다. 명예에 의해 아직 타락하지 않았던 두 사람은 그들에 대한 전기를 쓴 대부분의 작가들보다 서로를 더 잘 이해했다. 전기 작가들은 두 사람의 진정한 마음을 전혀 이해하지 못한 채, 업적에 대한 명예욕을 억지로 부여했던 것이다. 그렇게 해서 늘 그렇듯 또 한 번 전설은 현실 앞에서 조용히 무너진다.

자료들이 증언하기 시작했다. 그러나 자료의 발굴과 해석이 진행될수록 베스푸치를 둘러싼 논쟁은 더욱 불타올랐다. 베스푸치의 항해 보고문처럼 단 32쪽짜리 텍스트가 심리학, 지리학, 지도 제작학, 역사학, 인쇄 기술 등 다양한 분야에서 이렇게 철저히 연구된 것은 전례가 없는 일이다. 하지만 논쟁에 참여한 지리학자들은 예와 아니오, 흑과 백, 발견자와 사기꾼이라는 대립된 명제를 전제로 하고 각자 완벽하다고 믿는 증거를 내세워 옹호했다.

여기서 나는 실소를 자아내는 베스푸치에 대한 온갖 학설들을 모아보려 한다. 권위자들이라 불리는 이들이 남긴 주장들이란 때로는 희극보다 기묘하고, 전설보다 더 허황되니 말이다.

그는 첫 번째 항해를 핀존^{Pinzón}과 함께했다. 아니다, 그는 레페^{Lepe}와 함께 했다. 아니다, 그는 첫 번째 항해를 한 적이 없다. 모두 거짓이다. 그는 첫 번째 항해에서 플로리다를 발견했다. 그는 아무것도 발견하지 않았다. 왜냐하면 항해 자체가 허구이기 때문이다. 그는 최초로 아마존강을 보았다. 아니다, 그는 세 번째 항해에서야 아마존강을 보았고, 이전에는 오리노코강과 혼동했다. 그는 마젤란 해협까지 브라질 해안을 전부 탐험하고 이름을 붙였다. 아니다, 그는 아주 짧게만 브라질 해안을 탐험했고 이름들은 이미 오래전부터 있었다. 그는 위대한 항해사였다. 아니다, 그는 배나 탐험대를 한 번도 이끈 적이 없다. 그는 위대한 천문학자였다. 아니다, 그가 남긴 별자리 관련 기록들은 엉터리다. 그가 기록한 날짜는 정확하다. 아니다, 그 날짜들은 날조된 것이다. 그는 뛰어난 수석 항해사였다. 아니다, 그는 고작해야 함대에 염장 소고기를 조달하던 상인이자 무지한 자일 뿐이었다. 그의 진술은 믿을 만하다. 아니다, 그는 전문 사기꾼, 협잡꾼이자 숨 쉬듯 거짓을 내뱉는 자였다. 그는 당대 최고의 항해자이자 발견자였다. 그는 학문이 길러낸 영광이자, 탐험의 역사에 남을 찬란한 자였다. 아니다, 그는 학문의 수치다.

이 모든 주장은 저서마다 맹렬히 전개되었으며, 수많은 '증거'들과 함께 옹호되었다. 결국 우리는 300년 전과 똑같은 질문 앞에 다시 서게 된다. '아메리고 베스푸치는 어떤 사람이었는가? 그는 실제로 무엇을 했고, 무엇을 하지 않았는가? 우리는 과연 이 질문에 대답할 수 있을까? 이 위대한 수수께끼를 풀 수 있는 날이 오기는 할까?'

「신세계」에 그려진 삽화들

베스푸치, 그는 누구였는가

～

우리는 아메리고 베스푸치의 생애를 둘러싸고 3세기에 걸쳐 전개된 크나큰 착오의 희극을, 그 연대기적 흐름에 따라 되짚어보려 했다. 그리고 그 희극은 마침내 신세계가 그의 이름으로 불리게 되는 데까지 나아간다. 한 사람이 유명해진다. 그런데 정작 사람들은 그 이유를 알지 못한다. 사람들은 각자의 입장에서 그의 명성은 정당한 것이었다고도, 부당한 것이었다고도, 그의 공로 덕분이라고도, 기만 덕분이었다고도 말할 수 있다. 베스푸치의 명성은 후광같은 것이다. 왜냐하면 그의 명성은 그가 실제로 이룬 업적

때문이 아니라, 그가 하지 않은 일에 대한 잘못된 평가에서 비롯되었기 때문이다.

첫 번째 오류(희극의 제1막)는 「숨겨진 땅$^{Paesi\ retrovati}$」이라는 소책자에 그의 이름이 등장한 것이었다. 이를 본 사람들은 신대륙을 발견한 사람이 콜럼버스가 아니라 베스푸치라는 착각에 빠지게 되었다.

두 번째 착오(제2막)는 인쇄 오류에서 비롯되었다. 라틴어 판에서 베스푸치가 상륙한 장소를 '라리압' 대신 '파리아'로 잘못 표기한 것이다. 그 결과 사람들은 콜럼버스가 아니라 베스푸치가 아메리카 대륙 본토를 최초로 밟았다고 믿게 되었다.

세 번째 오류(제3막)는 한 소도시의 지리학자로부터 나왔다. 그는 베스푸치가 쓴 32쪽짜리 글을 근거로 신대륙에 그의 이름을 따라 '아메리카'라는 이름을 붙이자고 제안했다. 제3막이 끝날 때까지 베스푸치는 이 허풍 가득한 희극의 주인공 자리에서 내려오지 않았다. 그는 흠잡을 데 없는 영웅이자 위대한 인물로 찬탄을 받으며 이야기의 중심에 선다.

하지만 제4막에 이르러 처음으로 의혹이 그를 향해 고개를 든다. 더 이상 사람들은 그가 과연 진정한 영웅인지 아니면 교묘한 사기꾼인지 갈피를 잡지 못하게 된다. 마지막 제5막은 우리가 살고 있는 현 세기에서 펼쳐진다. 그 결말은 뜻밖의 반전 속에서 지적으로 정교하게 얽힌 이 매듭을 풀어내고, 마침내 모든 것이 유쾌하고도 말끔하게 정리되는 장면으로 마무리되어야 할 것이다.

다행히도 역사는 뛰어난 극작가다. 비극을 쓸 때처럼, 희극을 마무리할 때에도 그녀는 언제나 눈부신 결말을 마련해둔다. 제4막 이후 우리는 다음과 같은 사실을 알게 되었다. 베스푸치는 아메리카를 발견하지 않았으며 최초로 본토에 발을 들인 사람도 그가 아니다. 그를 오랫동안 콜럼버스의 라이벌로 만들어 주었던 첫 번째 항해를 그는 결코 한 적이 없다. 그러나 학자들이 무대 위에서 베스푸치가 자신의 책에서 언급한 항해들 가운데 몇 번을 실제로 했는지 실랑이를 벌이는 사이, 갑자기 한 인물이 무대 위로 올라와 다음과 같은 충격적인 명제를 제시한다. 우리가 알고 있는 32쪽짜리 글은 결코 베스푸치가 쓴 것이 아니며, 그 글은 누군가가 베스푸치의 육필 원고를 멋대로 변형하여 만든 무책임하고 임의적인 조합물이라는 것이다.

극적인 반전의 인물, 마치 무대 뒤에서 내려온 신처럼 등장한 이는 바로 코라도 마그나기$^{\text{Corrado Magnaghi}}$교수다. 그는 문제를 새로운 시각에서 바라볼 수 있도록 바로 세워놓는다. 다른 학자들은 베스푸치가 최소한 그 책을 썼다고 전제한 뒤 거기에 적힌 항해의 진위만을 의심했지만, 마그나기는 이렇게 말한다.

"베스푸치가 실제로 항해를 한 것은 사실이지만, 그가 그런 형태로 책을 썼다는 점은 매우 의심스럽기 때문에 누군가 그의 이름을 빌려 허무맹랑한 사기극을 만든 것이다. 따라서 베스푸치를 정확히 평가하려면 그의 유명한 두 저작인 「신세계」와 「네 번의 항해」를 제외하고, 오직 그가 직접 쓴 세 통의 편지만을 근거로 삼아야 할 것이다. 그러나 베스푸치를 옹호하는 사람들은 근거 없이 이 편지들을 위조품이라고 주장해왔다."

자신의 이름으로 퍼져나간 모든 글들에 대해 베스푸치가 전적으로 책임져야 할 필요는 없다는 이 주장은 처음엔 다소 뜻밖이고도 당혹스럽게 들린다. 만약 이 책들을 쓴 사람이 그가 아니라면 베스푸치의 명성에서 도대체 무엇이 남아나겠는가? 그러나 자세히 들여다보면 마그나기의 주장은 새로운 것이 아니라는 사실을 알 수 있다. 실제로 첫 번째 항해의 위조가 베스푸치 본인이 아닌 다른 사람이 그의 이름으로 벌인 행위라는 의혹은, 베스푸치를 향한 최초의 비난만큼이나 오래된 것이다. 하지 않은 항해를 그럴싸하게 꾸며 아메리카라는 이름을 강탈하려 했다는 비난을 처음으로 베스푸치에게 퍼부은 사람은 다름 아닌 라스 카사스 주교였다는 사실을 상기해 보자. 그는 베스푸치를 엄청나게 비열한 짓, 교묘한 사기, 그리고 뻔뻔스러운 부정을 저지른 인물로 비난했다.

그러나 그의 글을 자세히 들여다보면, 그는 격정적인 비난이 쏟아지는 대목에서도 언제나 은근히 한 발 물러선 채, 한 줄기 망설임을 숨겨 둔다. 라스 카사스는 베스푸치의 행위를 사기로 낙인찍으려면서도 항상 신중하게 '베스푸치' 혹은 「네 번의 항해」를 출간한 사람들이 저지른' 사기라고 표현한다. 이는 베스푸치가 실제로는 자신이 하지 않은 일 때문에 부당한 평가를 받고 있을 가능성을 열어둔 것이다. 또한 지리학자들과는 달리 이미 인쇄된 책자에서 진실의 흔적이 없다는 것을 발견한 훔볼트[28]는, 마치 사도 신경에서 있어서는 안 되었던 본디오 빌라도처럼 베스푸치 역시 이 논쟁에 휘말린 것이 아닌가 하는 의구심을 명확히 표명한 바 있다. 훔볼트는 이렇게 묻는다.

"혹시 항해 보고문을 수집하던 사람들이 아메리고도 모르는 사이에 이러한 사기를 저지른 것은 아닐까? 혹은 그저 혼란스러운 서술과 부정확한 정보들이 불러온 결과에 불과한 것은 아닐까?"

해답의 열쇠는 이미 그때 마련되어 있었다. 마그나기 교수는 단지 그 열쇠로 새로운 시야의 문을 열었을 뿐이다. 그의 설명은 지금까지 나온 것들 중에 가장 논리적이고 명쾌하다. 그의 설명만이 지난 3세기 동안 사람들의 관심을 끌었던 모든 모순을 매우 자연스럽게 해결하기 때문이다.

---

28 훔볼트(Humboldt, A. von, 1769~1859)는 남아메리카 탐험의 원조로 불리는데, 1799년~1804년에 걸쳐 중남미 지역 등을 탐험하면서 약 6만 종에 이르는 방대한 표본을 수집하였다. 그는 수집한 자료를 바탕으로 동식물의 분포와 지리적 요인의 관계를 설명하고, 생물과 자연환경의 상호 관계 등을 연구하여 생물 지리학의 기반을 마련하였다. 이후 지리학의 발전과 다양한 화석의 발견은 생명 과학에서 진화라는 개념이 형성될 수 있게 해 주었다.

처음부터 진실성이 의심스럽고 이해하기 어려운 몇 가지 점들이 존재했다. 예컨대 같은 사람이 한 책에서는 항해 시기를 1497년으로 조작하고, 동시에 자신이 직접 쓴 편지에서는 항해 시기를 1499년으로 기록했다는 점이다. 또한 서로 잘 알고 지내는 피렌체의 두 사람에게 서로 다른 날짜와 모순되는 내용을 담은 항해 보고문을 보낼 이유가 있었는가 하는 점도 이해하기 어렵다.

베스푸치의 두 번째 항해를 묘사한 목판화 1505년경 피렌체에서 출판된 「아메리고 베스푸치가 네 번의 항해에서 발견한 섬들에 관한 편지」에서 발췌된 것이다.

또 하나 납득할 수 없는 점은 리스본에 살던 사람이 왜 하필 로트링겐 변두리의 이름 없는 영주에게 그러한 보고서를 보내고, 또 생디에처럼 세상과 동떨어진 작은 도시에서 자신의 글을 출판할 필요가 있었느냐 하는 것이다. 만약 그가 정말로 자신의 '작품'을 직접 출판하거나 출판할 의향이었다면, 최소한 인쇄 전에 명백한 오류 정도는 수정하는 약간의 노력이라도 기울였을 것이다.

예를 들어 베스푸치가 「신세계」에서(자신의 편지와는 너무나 다르게) 장중한 어조로 메디치 가문의 로렌초에게 보고하면서 "이미 이전에 스페인 왕의 명령으로 두 차례 서쪽으로 항해를 했기에 이번이 세 번째 항해이다"라고 말하는 것이 가능한가? 그가 벌써 두 차례의 항해를 했다는 이 새로운 소식을 전달하고 있는 상대는 다름 아닌 지난 10년 동안 직원으로 일해 온 회사의 사장이었다. 그 사장은 베스푸치가 언제, 몇 년간의 항해를 떠났는지를 분명히 알고 있었을 것이고, 그의 장부에는 항해 준비에 든 비용과 수익이 한 푼도 빠짐없이 기록돼 있었을 것이다. 이는 마치 한 작가가 10년 넘게 자신의 책을 출판하고 정기적으로 인세를 계산해준 출판업자에게 새로운 원고를 보내면서 이번 책은 나의 첫 작품이 아니며, 이미 이전에 여러 권의 책을 출판한 적이 있다고 난데없이 말하는 것만큼이나 이치에 맞지 않는다.

이러한 모순은 인쇄된 텍스트의 거의 모든 페이지에서 발견된다. 모든 것을 베스푸치의 탓으로 돌리는 것은 어불성설이다. 따라서 모든 정황상 마그나기의 주장은 더욱 설득력을 얻는다. 즉, 지금까지 베스푸치의 옹호자들이 오히려 가짜라고 배척해온 세 통의 친필 편지가 베스푸치 본인의 손에서 나온 유일하게 신뢰할 만한 자료라는 것이다. 반면 「신세계」와 「네 번의 항해」는 외부인의 첨삭과 변형으로 왜곡된 의심스러운 출판물이라는 판단을 내릴 수밖에 없다.

물론 그렇다고 해서 「네 번의 항해」를 단순히 위조품으로 치부하는 것 역시 지나친 과장일 수 있다. 이는 의심할 여지 없이 베스푸치 본인의 진짜 자료를 기반으로 가공된 것이기 때문이다. 익명의 편찬자가 하는 일은 골동품상에서 흔히 벌어지는 일과 같다. 골동품상들은 하나의 진품 르네상스 상자를 가지고 그 재료를 절묘하게 이용해 모조

품과 혼합하여 두세 개, 혹은 아예 온전한 한 세트의 가구를 만들어낸다. 그렇게 되면 그 물건이 완전한 진품이라고 주장하는 사람이나, 반대로 그것을 전부 위조품이라 단정하는 사람이나 모두 틀린 판단을 하게 된다.

베스푸치의 네 번째 항해를 묘사한 목판화 1505년경 피렌체에서 출판된 「아메리고 베스푸치가 네 번의 항해에서 발견한 섬들에 관한 편지」에서 발췌된 것이다.

용의주도하게도 표지에 자신의 이름을 밝히지 않은 피렌체의 인쇄업자는 베스푸치가 은행가 메디치에게 보낸 편지들, 아니면 우리가 알고 있는 그 세 통의 편지와 어쩌면 우리가 알지 못하는 다른 편지들까지도 입수했던 것으로 보인다. 당시 이 인쇄업자는 베스푸치의 세 번째 항해 편지 「신세계」가 이미 큰 성공을 거두었다는 사실을 알고 있었을 것이다. 「신세계」는 불과 몇 년 만에 여러 나라 언어로 번역되어 최소 23쇄를 찍으며 큰 인기를 얻었다. 따라서 원본이나 필사본 형태의 다른 보고문들을 손에 넣은 그의 입장에서 베스푸치의 '항해 보고문 모음집'을 새 책으로 엮어 출판하려는 생각이 드는 것은 너무나 당연한 일이었다. 그러나 콜럼버스의 네 번의 항해에 맞서 베스푸치의 네 번의 항해를 내놓으려다 보니 자료가 부족했고, 이 익명의 편찬자는 자료를 '부풀리기'로 결심했다.

그는 무엇보다도 잘 알려진 1499년 항해에 관한 보고서를 두 번의 항해로 나누었다. 하나는 1497년의 항해로, 또 하나는 1499년의 항해로 말이다. 그는 그런 속임수가 베스푸치를 사기꾼과 거짓말쟁이로 낙인찍히게 만들 줄은 꿈에도 몰랐을 것이다. 게다가 다른 항해사들이 작성한 편지와 보고문에서 세세한 사항들을 떼어다가 기워 붙였다. 그 결과 진실과 거짓이 뒤섞인 혼란스러운 텍스트가 탄생했다. 진실과 거짓이 뒤섞인 이 혼합물은 수백 년 동안 학자들의 끊임없는 논쟁을 불러일으켰고, 마침내 신대륙은 '아메리카'라는 이름으로 불리게 되었다.

이 주장을 의심하는 사람들은 이렇게 반론을 제기할지도 모른다. 작가에게 허락도 받지 않고 함부로 원고를 변형하고 과장해 길이를 늘리는 것이 가능한가? 공교롭게도 우리는 바로 베스푸치의 사례에서 이러한 뻔뻔하고 양심 없는 행위가 실제로 가능했음을 증명할 수 있다. 불과 1년 뒤인 1508년에 네덜란드의 한 인쇄업자가 베스푸치의 다섯 번째 항해 보고문을 조잡하게 위조하여 만들어 낸 것이다. 「네 번의 항해」를 펴낸 익명의 편찬가에게 원고 형태의 편지들이 책 제작의 재료가 되었듯, 이 네덜란드 인쇄업자에게는 원고 형태로 유포되던 티롤 지방 출신 발타자르 스프렝거Balthasar Sprenger의 항해보고서가 좋은 기회가 되었다. 그는 원본에서 '나, 발타자르 스프렝거'라고 쓰여 있는 부분을 간단히 '나, 알베리구스Alberigus'라고 바꾸어 베스푸치의 보고문인 것처럼 위장했다. 그리고 실제로 이 뻔뻔스러운 날조는 그로부터 무려 400년이 지난 뒤에도 여전히 사람들을 속였다. 1892년, 런던의 지리학회 회장은 베스푸치의 '다섯 번째 항해'를 발견했다며 학술적 권위를 내세우는 공식적인 자리에서 발표했지만, 결국 조작된 자료에 속아 넘어간 것이었다.

「아메리고 베스푸치가 네 번의 항해에서 발견한 섬들에 관한 편지」 표지

따라서 오랫동안 베스푸치가 사기를 저질렀다고 비난받았던 첫 번째 항해보고서의 조작과 그 밖의 모든 모순들은 결코 베스푸치의 잘못이 아니다. 오히려 그의 허락도 받지 않고 개인적인 항해보고서에 각종 거짓 정보를 덧붙이고 과장해 출판한 파렴치한 편찬자와 인쇄업자들의 잘못임이 이제 의심의 여지 없이 명백해졌다. 이러한 설명은 복잡했던 상황을 분명하게 정리해준다. 그러나 모든 것을 깔끔하게 해명해주는 이 견해에 대해 베스푸치의 비판자들은 마지막 반론을 제기한다. 베스푸치는 죽기 전에 자신의 이름으로 출판된 책들이 자신이 하지도 않은 항해에 대해 허위로 기술했다는 소문을 분명히 들었을 텐데, 왜 한 번도 공식적으로 항의하지 않았을까? 그들은 또한 묻는다. 베스푸치가 세상을 향해 분명히 밝히는 것이 의무가 아니었을까? "나는 아메리카를 발견하지 않았다! 그 대륙이 내 이름을 가진 것은 잘못이다!"라고 말이다. 자신에게 유리하다는 이유로 사기 행위에 침묵하는 사람은 결국 그 사기의 공범이 아닌가?

이러한 비판은 언뜻 상당히 설득력 있어 보인다. 하지만 우리는 베스푸치가 당시 어디에 항의할 수 있었겠느냐고 반문하지 않을 수 없다. 어떤 법정에 이의를 제기할 수 있었겠는가? 그 시대에는 문학 작품에 대한 저작권이라는 개념 자체가 없었다. 일단 인쇄되거나 필사된 글은 모두가 자유롭게 활용할 수 있었다.

알브레히트 뒤러^{Albrecht Dürer}가 수많은 동판화가들이 형편없는 작품에 자신의 인기 있는 서명 'A. D.'를 찍어 팔았다고 해서 어디에 항의할 수 있었겠는가?『리어왕』이나『햄릿』의 원본 작가는 셰익스피어가 그의 작품을 마음대로 고쳤다고 해서 어디에 불만을 표할 수 있었겠는가? 반대로 셰익스피어 역시 남의 작품이 자신의 이름으로 출판되었다고 한들 항의할 길이 없었다. 한때는 볼테르의 이름을 빌려 누구든 자신이 쓴 그저 그런 무신론적이거나 철학적인 글들을 마치 그의 저작인 양 출판하려 들지 않았던가? 그러니 베스푸치라고 한들 자신도 모르게 수없이 쏟아져 나오는 변형된 글들에 어떻게 맞설 수 있었겠는가? 사람들은 그가 쓴 원본을 끊임없이 왜곡하면서 부당하게 얻은 그의 명성을 세상 속에 퍼뜨렸다. 베스푸치가 할 수 있는 유일한 것은 개인적으로 아는 사람들을 찾아가 자신의 무죄를 입에서 입으로 설명하는 것뿐이었다.

그가 실제로 그렇게 했음은 의심할 여지가 없다. 1508년이나 1509년 무렵, 그런 책들 가운데 적어도 일부가 스페인에 전해졌기 때문이다. 만약 그가 사전에 모든 의혹을 개인적으로 해명하지 않았다면, 왕이 굳이 탐험에 대한 허위 보고서를 책으로 출판한 사람에게 선원 교육과 정확한 보고서 작성을 담당하는 중책을 맡겼겠는가?

그것뿐만이 아니다. 스페인에서 『지리학 입문』을 최초로 소유한 사람들 중 한 명은 콜럼버스 제독의 아들 페르난도 콜럼버스Fernando Columbus였다는 사실이 기록으로 확인되었다(그의 메모가 적힌 책이 현재까지 보존되어 있다). 그는 베스푸치가 콜럼버스보다 먼저 본토에 발을 디뎠다고 주장하며, 신대륙을 아메리카라 부르자고 처음으로 제안한 그 책을 읽었을 뿐 아니라 거기에 나름대로의 메모까지 남겼다. 그런데 페르난도는 콜럼버스의 전기에서 아버지와 조금이라도 관련된 사람이라면 시기심에 불타는 인물로 비난했지만, 베스푸치에 대해서만큼은 단 한마디의 비난도 하지 않았다. 이러한 침묵에 대해 이미 라스 카사스는 놀라움을 표시한 바 있다. 그는 다음과 같이 적었다.

"나는 놀랐다. 제독의 아들이자 탁월한 판단력을 가진 인물인 페르난도가 분명히 아메리고가 쓴 「네 번의 항해」를 소장하고 있었음에도, 아메리고 베스푸치가 자기 아버지에게 저지른 부정과 강탈에 대해 한마디도 언급하지 않았기 때문이다."

페르난도가 아버지의 영광을 빼앗고 그가 발견한 신세계를 다른 이름으로 불리게 만든 그 불행한 명명의 사태에 대해 일언반구도 하지 않았다는 사실만큼 베스푸치의 결백을 더 명확히 말해주는 것은 없다. 그는 아메리카 대륙의 이름이 베스푸치의 의도와 무관하게 붙여졌으며, 베스푸치가 의도적으로 아버지의 명예를 가로채려 한 것이 아님을 알고 있었음에 틀림없다.

나는 지금까지 숱한 논쟁의 대상이었던 '베스푸치 사건'을 그 원인과 불편한 결과들을 중심으로 최대한 객관적으로 서술하려고 노력했다. 가장 먼저 마주한 어려움은 한 인물과 그의 명성 사이, 한 인간과 그의 이름 사이에 존재하는 기묘한 불일치였다. 우리가 알고 있듯이 베스푸치의 실제 업적은 그의 명성에 부합하지 않으며, 그 명성 또한 그의 업적에 걸맞지 않는다. 그가 실제로 어떤 사람이었는가와 세상에 어떤 인물로 비쳐졌는가 사이에는 너무나도 극명한 간극이 있어, 삶의 실상으로서의 초상과 문헌 속에서의 초상은 도무지 하나로 합쳐질 수 없었다. 그의 명성이 타인의 개입과 여러 우연한 사건들에 의해 인위적으로 형성되었다는 사실을 깨닫고서야 우리는 그의 실제 행적과 삶을 온전히 이해하고 자연스럽게 연결 지을 수 있게 된다.

그렇게 하고 나면 엄청난 명성 옆에 상대적으로 소박한 실상이 드러난다. 세상에서 누구보다 많은 찬사와 비난을 받은 베스푸치의 삶은 사실 그리 위대하거나 극적이지 않았다. 그것은 영웅의 전기도, 평범한 시민의 전기도 아니었으며, 단지 우연히 일어난 희극에 불과했다. 베스푸치 자신조차도 자신이 그 코미디 속에 휘말리게 될 줄 몰랐다. 아메리고 베스푸치는 공증인이었던 아나스타시오 베스푸치Anastasio Vespucci의 셋째 아들로, 단테가 죽은 지 130년이 지난 1451년 5월 9일에 피렌체에서 태어났다. 그는 몰락하긴 했으나 명망 있는 가문의 후손으로서 초기 르네상스의 인문주의적 교육을 받았다. 엘리트적인 교양을 갖춘 것은 아니었지만 라틴어를 익혔고, 산마르코의 도미니크회 수도사였던 백부 조지 베스푸치Giorgio Vespucci로부터 수학과 천문학 등 몇 가지 과학적 지식을 배웠다.

그러나 특별한 재능이나 야망을 엿볼 수 있는 구석은 전혀 없었다. 그의 형제들이 대학에 진학하는 동안, 그는 메디치 가문이 운영하는 은행에 상인으로 일하는 것에 만족했다. 당시 그 은행은 메디치 가문의 피에로 데 메디치가 운영하고 있었다. 아메리고 베스푸치는 피렌체에서 결코 위대한 인물로 여겨지지 않았고, 더욱이 위대한 학자로 여겨진 적은 없었다. 친구들에게 보낸 편지들은 사소한 장사일이나 개인적인 문제에 매달려 있는 그의 모습을 보여준다. 장사 수완이나 실적 면에서도 그는 별다른 성공을 거두지 못했던 것으로 보인다. 그는 단지 우연한 계기로 스페인에 가게 되었다.

메디치 가문은 벨저가나 푸거가 혹은 독일과 플랑드르 상인들처럼 스페인과 리스본에 지점을 두고 있었다. 이들은 신대륙 탐험을 재정적으로 후원하고 정보 수집에 열의를 기울였으며, 무엇보다도 수익성이 높은 곳에 투자하기를 원했다. 그런데 세비야에 있던 메디치 은행의 지점에서 한 직원이 돈을 횡령한 사건이 발생했다. 메디치 사람들은 이 일을 수습하기 위해 성실하고 신뢰할 만하다고 여겨졌던 아메리고 베스푸치를 1491년 5월 14일 스페인으로 파견했다. 그곳에서 그는 메디치 가문과 관련된 후아노토 베라르디가 운영하는 회사에 취직했다.

주로 선박에 필요한 장비를 공급하는 일을 했던 베라르디의 회사에서도 베스푸치의 위치는 거의 말단이었다. 그는 자신의 편지에서 스스로 '피렌체의 상인'이라 표현했지만, 독립적인 상인이라기보다는 메디치의 영향력 아래 있던 베라르디의 회사에서 일하는 단순한 '심부름꾼'에 가까웠다. 비록 높은 지위는 아니었지만, 베스푸치는 사장의 개인적인 신임과 우정을 얻었다. 1495년, 임종을 앞둔 베라르디는 자신의 유언서에서 베스푸치를 유언 집행자로 지명했고, 사후 회사의 청산 업무까지 그에게 맡겼다.

갑자기 회사가 사라지자 아메리고 베스푸치는 거의 쉰 살이 다 되어 생계를 유지하기 어렵게 되었다. 그는 베라르디의 회사를 혼자 힘으로 계속 운영할 자금도 의지도 없었던 것으로 보인다. 이후 1497년과 1498년 두 해 동안 그가 세비야에서 어떤 일을 했는지는 확실히 알 수 없다. 그러나 그 당시 그의 상황이 좋지 않았다는 것은 나중에 콜럼버스가 쓴 편지를 통해 알 수 있다. 그의 처지가 결코 좋지 않았다는 사실과 바로 이 실패가 그의 삶에 일어난 갑작스러운 전환을 설명해준다.

영리하고 부지런했던 이 피렌체 출신의 남자는 20여 년 동안을 남의 회사에서 말단 직원으로 허비했다. 그에겐 집도 아내도 자식도 없었으며, 혈혈단신이었다. 그는 이제 인생의 전환점에 서 있었다. 여전히 그에겐 편히 쉴 곳이 없었다. 그 무렵 '대발견의 시대'는 자신의 모든 것을 걸 용기가 있는 자들에게 한 번에 부와 명예를 거머쥘 수 있는 유례없는 기회를 주었다. 다시는 찾아볼 수 없는 모험과 도전의 시대였다. 그리하여 파산 직전에 이른 상인 아메리고 베스푸치는 다른 많은 실패자들처럼 신대륙으로 떠나는 항해에서 자신의 행운을 시험하기로 결심했다. 1499년, 알론소 데 오헤다가 폰세카 추기경의 명령에 따라 원정대를 꾸렸을 때 베스푸치 역시 함께 배에 올랐다.

그가 어떤 자격으로 알론소 데 오헤다의 원정에 참여했는지는 정확히 밝혀지지 않았다. 그는 베라르디의 회사에서 일하며 선장, 조선공 장비 공급업자들과 교류하면서 항해에 필요한 전문 지식을 어느 정도 습득했던 것으로 보인다. 선박의 용골에서 돛대 끝까지 세세한 부분까지 잘 알고 있었으며, 교양있는 피렌체 사람답게 함께 항해한 대부분의 동료보다 지적으로 훨씬 뛰어났기 때문에 천체 관측기 사용법, 새로운 경도 계산법, 천문학, 그리고 지도 제작 기술을 미리 배워두었을 가능성이 크다. 이 점을 고려하면 그는 단순히 중개인이 아니라 천문학자의 자격으로 탐험에 동행했을 가능성이 높다.

비록 아메리고 베스푸치는 항해사가 아닌 상인의 자격으로 원정에 동행했지만, 몇 달간 계속된 이 항해를 마쳤을 때는 이미 숙련된 전문가가 되어 있었다. 뛰어난 두뇌와 훌륭한 관찰력, 뛰어난 계산 능력, 탐구심, 그리고 지도 제작 실력을 갖춘 그는 장기간의 항해를 통해 선원 중에서도 특히 탁월한 역량을 인정받게 된 것으로 보인다. 왜냐하면 이후 포르투갈의 왕이 카브랄에 의해 발견된 브라질 지역으로 새 원정을 준비하면서 '오헤다의 원정'을 통해 그 지역의 북쪽 해안을 지나갔던 베스푸치를 항해사 또는 천문학자, 지도 제작자로서 초청했기 때문이다. 당시 포르투갈에는 훌륭한 항해사들이 부족하지 않았음에도 이웃 나라의 왕이 굳이 무명이었던 베스푸치를 불러들였다는 사실은 그에 대한 특별한 신뢰와 평가가 있었음을 보여준다.

베스푸치는 오래 고민하지 않았다. 오헤다와 함께한 항해는 그에게 아무런 수확도 가져다주지 못했다. 몇 달 동안 온갖 고생과 위험을 무릅썼지만, 그는 떠날 때와 같이 가난한 상태로 세비야로 돌아왔다. 그에겐 어떤 지위도, 재산도, 안정적인 직업도 없었다. 이런 상황에서 포르투갈 왕의 영광스러운 부름에 응한 것은 결코 스페인에 대한 배신이 아니었다.

그러나 새로운 항해 역시 그에게 실질적인 이득이나 명예를 가져다주지는 못했다. 이번 원정에서는 그의 이름이 함대 사령관의 이름과 마찬가지로 거의 언급되지 않는다. 항해의 목적은 길게 이어진 해안을 따라 남쪽으로 항해하며 향료의 섬으로 가는 항로를 찾는 것이었다.

당시 사람들은 여전히 착각 속에 빠져 있었다. 카브랄이 도달한 산타 크루스 땅은 그저 중간 규모의 섬에 불과하며, 그 섬을 무사히 돌아서기만 하면 곧바로 모든 부의 원천, 향신료의 나라 '말루쿠 제도'에 도달할 수 있으리라고 믿고 있었던 것이다. 베스푸치가 참여한 원정의 역사적 공적은 이러한 착각을 처음으로 바로잡았다는 데 있다. 포르투갈 사람들은 해안을 따라 위도 30도, 40도, 심지어는 50도까지 내려갔다. 그러나 여전히 육지의 끝은 보이지 않았다. 그들은 이미 열대 지역을 벗어나 점점 더 기온이 떨어지는 지역을 향하고 있었다. 결국 인도로 향하는 길을 막아서는 이 거대한 미지의 땅을 따라 항해하는 일을 포기할 수밖에 없었다. 당시 가장 위대하고 대담한 항해로 기록된 이 여정에서 베스푸치는 스스로 지구의 네 번째 대륙을 완전히 측정했다고 자랑스럽게 말했다. 그리고 그는 지리학에 엄청난 성과를 남겼다. 베스푸치는 유럽인들에게 이 땅이 인도나 섬이 아니라 '문두스 노부스', 즉 신대륙이라는 새로운 인식을 가져다주었다.

베스푸치는 같은 목적을 가지고 다시 한 번 포르투갈 국왕의 명을 받아 항해에 나선다. 그러나 이번 항해 역시 끝내 목표에 도달하지는 못한다. 인도로 통하는 동쪽 항로를 찾기 위한 이 시도는, 훗날 마젤란에게 가서야 비로소 성공하게 될 위업이었다. 함대는 훨씬 더 남쪽으로 항해하여 라플라타강을 지나갔지만 폭풍으로 인해 결국 돌아와야 했다. 어느덧 54세가 된 베스푸치는 이번에도 가난하고 실의에 빠진 채, 무명의 상태로 리스본에 돌아왔다. 신대륙에서 행복을 찾으려 했으나 실패한 수많은 사람 중 한 명이 된 것이다.

하지만 그가 지구 반대편, 저 다른 별들 아래에 있을 동안 베스푸치가 상상조차 하지 못했던 일이 유럽에서 벌어지고 있었다. 이름 없는 가난한 항해사였던 그가 유럽 학계 전체를 들썩이게 만든 것이다. 그는 항해에서 돌아올 때마다 옛 고용주이자 친구였던 메디치가의 로렌초에게 항해에서 본 것을 편지로 전했다. 또한 그는 일지도 남겼는데, 이는 포르투갈 국왕에게 전달된 것으로 어디까지나 개인적인 기록으로써 정치적 혹은 사업적인 참고를 위한 것일 뿐이었다.

그는 자신을 학자나 작가라고 자부하거나 이 편지들을 학술적인 작품으로 간주한 적이 한 번도 없었다. 오히려 그는 자신의 모든 글을 '아주 흥미로운 고통'이라 생각했으며, 이 글들을 지금과 같은 형태로 출판할 생각은 전혀 없다고 분명히 밝힌 바 있었다. 만약 책을 출간한다면 학식 있는 사람들의 도움을 받아서 할 것이라고 덧붙였다.

그리고 은퇴하게 되면 자신의 항해에 관한 책을 내서 죽은 후 작은 명예라도 얻기를 바란다고 말했다.

그러나 그가 바다에 있던 몇 달 동안 그는 어느새 당대 최고의 지리학자이자 위대한 저술가라는 명성을 얻고 있었다.「신세계」라는 제목으로 자유롭게 편집되고 학술적으로 포장된, 메디치가의 로렌초에게 친필로 보냈던 세 번째 항해에 관한 그의 편지가 라틴어로 번역되고 유럽 전역으로 퍼지자, 모든 도시와 항구에서는 새로 발견된 땅이 콜럼버스가 믿었던 인도가 아니라 신세계이며 이 놀라운 사실을 처음 알린 사람이 알베리구스 베스푸치우스 Alberigus Vespucius라는 사실이 알려지게 되었다. 그러나 정작 전 유럽에서 가장 뛰어난 학자이자 용감한 항해사로 인정받고 있던 그는 자신의 명성에 대해 아무것도 모른 채 조용하고 소박한 삶을 유지할 직업을 찾는 데만 몰두했다.

그는 중년이 되어서야 결혼했고 사업과 모험, 항해에도 지친 상태였다. 마침내 57세가 되었을 때 그의 소원이 이루어진다. 그가 평생 바라던 수석 항해사의 자리에 올라 처음엔 50,000마라베디, 나중엔 75,000마라베디의 봉급을 받으며 조용하고 안정된 시민적 생활을 누릴 수 있게 된 것이다. 그 이후로 세비야의 새로운 프톨레마이오스가 된 베스푸치는 왕의 수많은 고위 관리들 가운데 한 명으로 여겨질 뿐, 그 이상도 그 이하도 아닌 존재가 되었다.

베스푸치는 생애 말년에 자신의 이름을 둘러싼 오해와 명성에 대해 알고 있었을까? 사람들이 대양 건너 신대륙에 그의 이름을 붙이려 한다는 사실을 일찍이 알고 있었을까? 그는 이러한 부당한 명성에 맞서 싸웠을까, 가볍게 웃어넘겼을까, 아니면 가까운 몇몇 친구들에게 조용하고 겸손하게 그 책들에 담긴 내용이 사실과 다르다고 설명했을까? 이에 관해 우리가 확실히 알고 있는 단 하나의 사실은 마치 허리케인처럼 산과 바다와 육지, 다양한 언어를 넘어 저편의 신세계까지 휩쓸었던 그 명성이 정작 베스푸치 본인의 인생에는 아무런 실질적 이득도 가져다주지 않았다는 것이다.

베스푸치는 스페인에 도착한 첫날처럼 여전히 가난했다. 너무나 가난했던 나머지, 1512년 2월 22일 그가 사망했을 때 그의 아내는 해마다 겨우 10,000마라베디에 불과한 연금을 받을 수 있도록 간청하는 탄원서를 올려야 했다. 유산 가운데 가장 귀중했던 것은 그의 여행 일지였으며, 그 기록만이 우리에게 온전한 진실을 밝혀줄 수 있는 열쇠였을 것이다. 그러나 일지는 그의 조카에게 넘어갔고 제대로 보존되지 못한 탓에 많은 다른 탐험 시대의 귀중한 기록들처럼 영원히 사라지고 말았다. 남겨진 것은 조용하고 보잘것없는 그의 삶과는 도무지 어울리지 않는, 그의 몫이라 하기엔 어딘가 어색하고 온전히 그의 것이라고도 보기 어려운, 의심스러운 명성뿐이었다.

4세기에 걸쳐 인류 역사상 가장 복잡한 문제 중 하나를 던져준 이 남자는 정작 파란도 위대함도 없이, 소외된 채 조용히 흘러가는 삶을 살았다. 결론적으로 말하면, 베스푸치는 그저 평범한 인간이었다. 그는 아메리카를 발견한 사람은 아니었으며, 세계의 영역을 넓힌 사람도 아니었다. 위대한 저술가도 아니었고, 그런 사람으로 인정받기를 원하지도 않았다. 그는 위대한 학자도, 심오한 철학자도, 천문학자도 아니었으며 코페르니쿠스나 튀코 브라헤와 같은 인물도 아니었다. 어쩌면 그를 위대한 항해자나 탐험가의 제일선에 놓는 것 자체가 무리일지도 모른다. 불운한 운명

탓에 어느 순간에도 주도권이라 할 수 있는 것을 쥐어본 적이 없기 때문이다. 콜럼버스나 마젤란처럼 함대를 지휘해 본 적도 없었다. 그는 언제나 주역이 아닌 조연에 머물렀고, 늘 다른 이들의 그림자에 가려 있었다.

그럼에도 불구하고 찬란한 명성의 햇살이 다른 누군가가 아닌 그를 향해 비춘 것은 단순히 여러 가지 상황이 우연히 겹쳐진 결과였다. 오류와 사고, 오해가 빚어낸 산물이었다. 그럼에도 불구하고 찬란한 햇살이 바로 그에게 비춰진 것은 그가 특별한 공로를 세웠거나 특별한 잘못을 저질렀기 때문이 아니라, 단지 운명이나 착오, 우연, 또는 오해 때문이었다. 그 영광은 같은 항해에 참여했던 다른 누군가가 쓴 편지에 돌아갔을 수도 있었고, 옆 배에 탔던 조타수에게 주어졌을 수도 있었다. 그러나 역사는 누구도 항의할 수 없는 결정을 내린다. 역사는 바로 그를 선택했다. 역사의 결정은 아무리 잘못되거나 부당하더라도 결코 번복될 수 없다. 편지에 적힌 두 마디 말, '문두스 노부스'라는 표현을 통해, 그리고 그가 실제로 모두 다녀왔는지조차 불확실한 「네 번의 항해」라는 제목 덕분에 그는 결국 불멸이라는 항구에 도달하게 되었다. 이제 그의 이름은 인류 역사상 가장 찬란한 기록 속에서 결코 지워질 수 없는 것이 되었고, 그가 인류 역사 속에 남긴 업적은 이렇게 역설적으로 멋지게 표현될 수 있을 것이다.

역사의 전환점을 만드는 것은 발견 자체가 아니라 발견을 인식하는 행위이다. 콜럼버스는 아메리카를 '발견'했지만 그것이 무엇인지 '인식'하지 못했다. 베스푸치는 아메리카를 '발견'하지는 않았지만, 최초로 그것이 새로운 대륙이라는 것을 '인식'했다. 이 단 하나의 업적이 그의 삶과 이름에 영원히 결부된 것이다. 결정적인 역할을 하는 것은 행위 그 자체뿐만이 아니라, 그 행위에 대한 인식과 그것의 영향력이기 때문이다. 때로는 어떤 행위를 이야기하고 설명한 사람이 그것을 실제로 해낸 사람보다 더 오래 기억될 수 있다. 예측 불가능한 역사의 흐름 속에서는 종종 아주 작은 계기가 전혀 다른 결과를 낳기도 한다. 역사에 정의를 기대하는 것은, 역사가 줄 수 있는 것 이상을 바라는 것이다. 종종 역사는 평범한 인물에게 불멸의 업적을 안겨주고, 진정으로 용감하고 지혜로운 자들은 이름조차 남기지 않은 채 어둠 속에 던져버린다.

그럼에도 불구하고 아메리카는 자신의 세례명을 부끄러워할 이유가 없다. 그 이름은 올곧고 용감한 한 남자의 이름이다. 그는 오십이 넘은 나이에도 세 차례에 걸쳐 조그마한 배를 타고, 아직 탐험되지 않은 대양을 건너 미지의 세계로 뛰어들었다. 그 역시 시대의 모험과 위험 속에 기꺼이 목숨을 걸었던 수백 명의 '이름 없는 선원들' 가운데 한 사람이었다. 어쩌면 민주주의 국가에 잘 어울리는 이름은 왕이나 정복자의 이름이 아니라 이름없이 용감했던, 그런 평범한 사람의 이름일지도 모른다. 이는 서인도라든가 뉴잉글랜드, 뉴스페인 또는 성스러운 십자가의 나라 같은 이름보다 분명히 더 공정한 명명일 것이다.

한 인간의 의지가 유한한 생명을 지닌 이름을 불멸의 경지로 끌어올린 것이 아니다. 그것은 불의를 행하는 듯 보이지만 결국 언제나 정의를 실현하는 운명의 뜻이었다. 저 높은 의지가 명하는 곳에서 우리는 마땅히 고개를 숙일 수밖에 없다. 그리하여 오늘날 우리는, 한때는 무목적적인 우연이 장난처럼 만들어낸 이 단어를 너무도 당연하게, 유일하고 자연스러운 이름으로 받아들이고 있다. 맑고 경쾌하게 울려퍼지는 그 이름, '아메리카'를 말이다.

옮긴이 육혜원

이화여자대학교에서 정치외교학과를 졸업하고 독일 베를린자유대학교에서 정치외교학 석사, 박사 학위를 받았다. 이화여자대학교, 고려대학교, 경희대학교 등에서 강의했다. 저서로는 『왜 소크라테스는 독배를 마셨을까?』, 『보편주의』, 『좋은 삶의 정치사상』 등이 있다. 옮긴 책으로는 『자본주의의 역사』, 『니체』, 『미래전쟁』, 『영웅본색』, 『인류의 세계사』 등이 있다.

초판 1쇄 발행	2025년 6월 19일
지은이	슈테판 츠바이크
옮긴이	육혜원
펴낸곳	이화북스
출판등록	2017년 12월 26일
주소	서울시 마포구 월드컵북로 98, 202
전화	02-2691-3864
팩스	02-307-1225
이메일	ewhabooks@naver.com
인스타그램	@ewhabooks
ISBN	979-11-90626-32-3 (03940)

원고 투고, 오탈자 제보, 제휴 제안은 ewhabooks@naver.com으로 보내 주세요.
이 책은 저작권법에 따라 보호받는 저작물이므로 무단 전재와 복제를 금합니다.

- 잘못된 책은 구입하신 서점에서 교환해드립니다.